アジア「窓」紀行

―上海からエルサレムまで―

著・写真　田熊隆樹

A Journey through the Windows of Asia

草思社

はじめに

この本は、僕が2015年から2016年にかけておこなったアジア・中東旅行の記録である。いろんな国に行ったが、その中で出会った建築、とりわけ普通の人々が住む家（＝民家）について、そして全体を通して「窓」に注目し、旅行記を組み立ててある。

当時、僕は東京で建築学を学ぶ大学院生で、日本各地の集落に出向き、民家を見て歩くようなことをしていた。そこには、当然のように50年や100年前に先祖が建てた家に住んでいる人々がたくさんいた。東京の多摩地区の住宅地で育った僕にとって、そういう風景なり住まいは、ある特別な別世界のように見えた。しかし各地の集落を訪れることを繰り返すうちに、自分の育ってきた環境はむしろ特殊で、こちらが本当の姿なのかもしれない、と思い始めた。なにより彼らの住まいは、圧倒的に面白かった。そして必然的に、世界はどうなっているんだろう、という興味と疑問が湧いてきた。高校のときに使っていた地図帳を取り出して眺める時間が増えていった。

アジアや中東だったらなんとか半年くらいは旅ができそうなお金を貯め、ぼんやり見ていた地図帳に、赤い丸で行き先を書き込み始めた。砂漠地帯がやけに多かったのは、どこか遠いところへ行きたいという、単純な若者の欲望の表れだったのかもしれない。大学院に休学届を出して、上海行きの安いチケットを予約し、担当者と電話で揉めながら、なんとかパスポートに中国ビザのシールが貼られたのは2015年6月のことだった。僕は23歳だった。

旅が始まった。行き先はある程度決めてあったが、面白そうなところがあれば予定を変更し、宿は街に着いてから探す、といった具合の自由な旅だ。遺跡や観光地も訪れたが、村に入っていって、普通の人の家をできるだけたくさん見に行った。田舎の村は情報が少ないので、地図や航空写真で直感的に面白そうなところを見つけ、足を運んだ。図々しくも人々の今まさに住んでいる家を見せてもらい、何に突き動かされてか、スケッチや平面図を描き、写真を撮り、記録することを続けた。

「我可以看你的房子吗？（あなたの家を見せてもらえますか？）」

はじめて覚えた中国語だ。中国での旅行中、ひたすらこれを唱え続けた。無心で歩き回った。言葉が通じなくても、多くの人が家に上げてくれて、お茶やフルーツでもてなしてくれた。それはまぎれもなく素晴らしい時間だった。

訪れた国は、中国、ラオス、タイ、カンボジア、スリランカ、インド、台湾、イラン、ヨルダン、エジプト、そしてイスラエル。途中一時帰国をしたけれど、旅をしていた時間は合わせて8ヶ月くらいだった。中国は2ヶ月、インドは1ヶ月強、イランは1ヶ月と、とくに惹かれた国には長く滞在した。

帰国後、窓研究所のウェブサイトで「旅と窓」というテーマで文章を書くことになった。建物の構成要素として、なくてはならない窓。窓をじっと見つめて、そこから語り出してみると、その地域の環境や歴史、人々の生き方のようなものまで、見えてくるような気がした。

だから、この本には名物の食べ物についての紹介は少ないし、交通や宿など旅の情報が書いてあるわけでもない。個人的な旅の断片を、「窓」という視点でつなぎ合わせた本である。

アジア「窓」紀行　目次

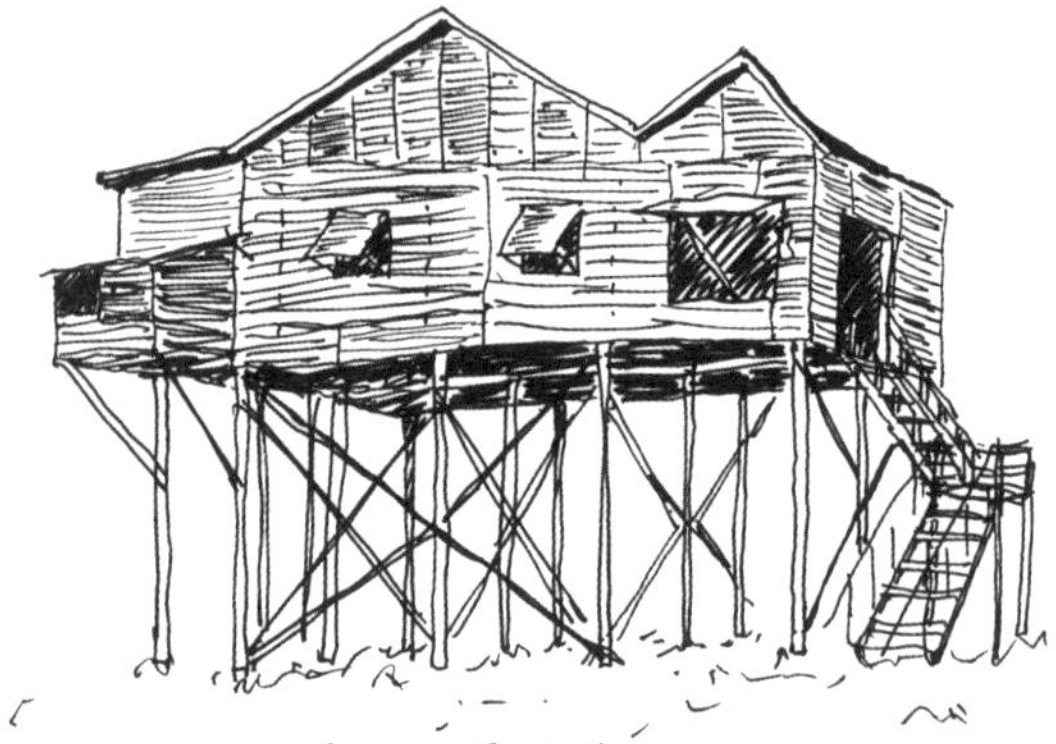

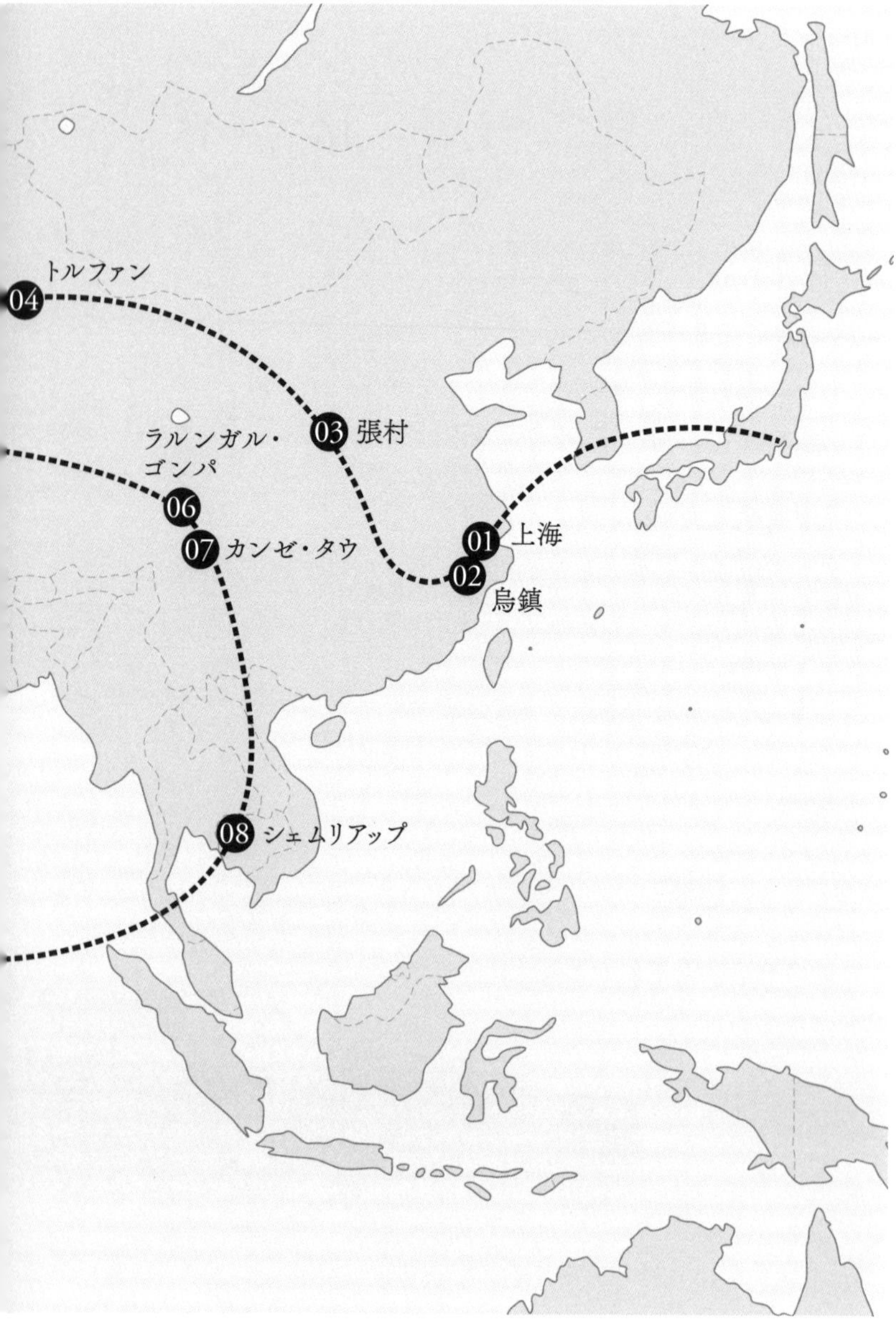
04 トルファン
03 張村
ラルンガル・ゴンパ
06
07 カンゼ・タウ
01 上海
02 烏鎮
08 シェムリアップ

旅のルート

A Journey through the Windows of Asia

01

窓から生える鉄の棒

上海

Shanghai

Shanghai

2015年6月、茨城空港から飛んだ春秋航空の格安飛行機は、ものの数時間で中国・上海に着いた。空港から地下鉄で市内に向かおうと駅でウロウロしていると、中国人の女性が英語で助けてくれた。初めて話す現地の人は思っていたより親切で、なんだか安心した。

市内に到着して、騒がしさに驚いた。悪い意味じゃない。食堂に行っても市場に行っても、自分を主張しないと話なんて聞いてもらえないような場所が、上海だった。建ち並ぶ高層ビル群は中国最大都市としての発展を物語り、そのシルエットは地下鉄の切符を飾るアイコンとなっている。

都会の景色を少し外れてみると、人々の過密な生活の場所が現れる。獲ってきたばかりの川魚をシートに広げて売る男。それをためらいもせず手に取って選ぶ人々。広場に集まり大勢で踊る婦人たち。二胡（弦楽器）を路上で弾くおじさんには誰も目をくれない。交差点ではなぜか大量の下着が売られ、ありえない量の藤椅子を束ねた台車を引きずる男が、目の前を通り過ぎていく。

上海の下町には、初めて見るものがたくさんあった。

ここでは、夜ご飯も10元（当時約200円）くらいで食べられる。貧乏旅行の

高層ビルのシルエットがあしらわれている地下鉄の切符

僕にはこのくらいがちょうどいい。食堂では席の案内なんてことはされない。自分で欲しいものを大声で注文し（静かな食堂はここには存在しない）、混雑する人ごみをかき分けて席を確保しなくちゃならない。最初の夜は老夫婦の隣で、何もわからず頼んだ麺をすすった。具は、油揚げみたいなものしか入っていなかった。老夫婦は余ったおかずをタッパーに入れて、持ち帰っていった。

上海の庶民たちは英語を喋らない。言葉の通じない僕でもしっかり食事できてしまうことが、なんだか不思議に思えた。人間のすることなんて、ほとんど同じなのだろう。

彼らの多くはこの過密な場所で集合住宅に住んでいる。こうした集合住宅のうち、古いものは「里弄《リーロン》住宅」といわれる2～3階建ての長屋風の住宅で、19世紀後半～20世紀前半に多く建てられたものだった。これらは租界（外国人居留地）時代の産物であり、都市としての上海と共に生まれたものである。

それらの中には「石庫門《せきこもん》」という中洋折衷住宅もあり、観光用に改修され生まれ変わっている。低層の古い住宅は材料や構成が様々で、見ていて飽きない。都会に残るその建物は誰の目にも珍しく映るようで、多くの人で賑わっていた。

上海で泊まるホステルは日本からネットで予約していた。そこでは、僕と同い年くらいの若者と出会った。初めて上海に着いた夜中、中国人とオーストラリア人、そして僕の男三人で夜道を歩いていると、羊肉の串を焼いている屋台が目に

シートに広げられた魚を慎重に選ぶ

入った。路上で頬張る羊肉は、スパイスたっぷりな異国の味がして、夜中にもかかわらず食べる手が止まらなかった。やがて隣で飲んでいた上海爺に話しかけられ、3時までお酒をご一緒した。初対面の若者たちに、上海爺は気前よくご馳走してくれたのだった。上海人が一気に好きになった夜である。その土地の印象というのはこういう出来事で簡単に決まってしまうと知ったので、日本に帰ったら外国人に優しくしくしようと思った。

次の日は、比較的新しい集合住宅が並ぶ、観光客のいそうもない場所を歩いてみた。5～6階建てのコンクリート造のものが多く、日本の団地に似ている。ボンボンと建ち並ぶ単調な景色の中、頭上に目を向けると、なんだか違和感があった。建物の窓から、鉄の棒がたくさん生えている。

僕が見たいのはこういうものなのだ。彼らにとって当たり前のものなのかもしれないが、他所から来た僕には異様に見える。歴史に書かれそうもない日常。この鉄の棒から覗ける上海があるかもしれない。こういう発見をした後は、単調と思っていた建物たちが一気に面白く見えてくる。この鉄の棒を巡って、上海を歩いてみようと思った。

見るものが決まると、足取りは一気に軽くなる。鉄の棒を探す旅の始まりである。といっても、10歩も歩けばすぐに見つかる。さっそく、当然のように無数の

左：現役で残っている里弄住宅
次項：集合住宅の窓から無数に生える鉄の棒

SHARP

無数の鉄の棒の下には、車が停まっていた

左：団地同士の隙間に、堂々と生える

鉄の棒の取り付け方

鉄の棒が生えている集合住宅を発見した。鉄の棒の下には何台か車が停まっているが、落ちてきたりしないのだろうか、少し不安になる。

まるで「産毛」のように建物を覆うこの鉄の棒、実は洗濯物を干すための工夫なのだ。少し日本の風景を思い出せば、その違和感の所在がわかる。日本の物干し竿はベランダに、建物と平行に架けられるのが普通なのに対し、ここ上海では窓際から垂直に生えるように、それも2mほど飛び出ているのである。

この奇妙な風景の理由として、上海の住宅にベランダが少ないことが推測される。それは地価の高さ、土地不足の表れである。これについて、宿で出会った中国人に聞いてみたところ「上海ぐらいでしか見たことがない」とのこと。都市部が生む光景なのだろう。団地同士の距離は、この棒のために用意されているようにさえ見える。

それでは、どのように建物から生えているのだろう。詳しく観察してみた。

基本的には写真のように、ロの字型の鉄の棒を窓の下の外壁に直接取り付け、さらに針金で外壁から吊っている。よく見ると、それぞれ棒の種類・長さが違っており、住民が自分たちの手で付け足したもののように見える。ここに鉄製や竹製の物干し竿を5本ほど垂直に架けられるようになっている。たしかに、この方向でないと窓から洗濯物は干せないのだ。

低層の「里弄住宅」にも生える

さらに歩いていると、ベランダのある集合住宅を発見した。日本と同じ光景が広がっているのかと予想したが……なんとここでもベランダの先からさらに鉄の棒が生えている。どうやら上海人の洗濯物は、この干し方と決まっているようだ。大きな集合住宅も、低層の住宅も、上海の窓際はこうして鉄の棒と洗濯物によって彩られていたのである。

それにしても、この街の洗濯物の主張には驚く。派手な色（なぜかピンクが多い）の布団や服、さらに下着までおかまいなしの世界である。上海に来てすぐに「自分を主張しないと生きていけない」と感じたことと、無関係ではないのかもしれない。

一見珍妙な鉄の棒の飛び出る姿は、住宅事情や人々の気質がにじみ出た、まぎれもない「上海の窓際」なのだ。

さらに洗濯物は、やがて窓際を飛び出し、街路樹さえ占領し始める。街路樹にひもを渡して服を平気で干す様は、まるで楽譜の音符のようで愛らしく、これでいいのだと感じさせてくれる。

上海に来たら、立ち止まって空を見上げてみてほしい。そこは魅惑の洗濯物世界、窓際にはみ出した生活の下で、木漏れ日ならぬ「布漏れ日（ふもれび）」が、あなたを照らしてくれるはずだ。

街路樹へ軽やかに干される洗濯物

ベランダから、さらに生える

頭上には「布漏れ日」が

02

「景区」外の家

烏鎮

Wuzhen

Wuzhen

上海からバスに乗って2時間、浙江省北部にある烏鎮《ウーヂェン》という町に着く。ここは水郷として有名な観光地である。上海も含めたこのあたりは、中国古代文明を支えた長江によってできた三角州上に位置している。そのため起伏はなく、縦横に水が巡る水郷集落が多く残っている。1300年の歴史がある烏鎮は、十字に走る川によって東西南北に分かれている。その中で「景区」（＝景勝地、風致地区）と呼ばれる東西の区域は、政府によって管理された人気の観光地である。観光バスで続々と運ばれてくる中国人たちにまぎれて、まずは僕も「アジアのヴェニス」と形容されるその「景区」を目指した。

僕が向かった「西柵」と呼ばれる区域では、元々住んでいた住民がすべて移住し、今は近隣に新しく建てられた住居に住んでいるのだという。つまり元の村は観光地化のために抜け殻となり、そこに飲食店や宿が入っている。中国政府のこういった観光政策の手は全国にくまなく及んでいるようだが、良いのか悪いのかはわからない。ともかく、建物に罪はない。

ここには明朝や清朝時代の建物が残っている。明は少なくとも17世紀にまで遡るので、中にはかなり古い建物もあるのだろう。建物は川に張り出し、石の基礎

烏鎮、西柵の風景。元の住民はすでに移住し、建物だけが残る

によって水面に浮かぶその姿を見れば、ヴェニスといわれるのも納得である（もちろん船も行き来している）。基本的な建物の構造は、木造の軸組の間に「磚《せん》」と呼ばれる薄くて黒いレンガを積んで壁としている。川に面する外壁は建具を含めて木造である。観光客はそこから川を見つめ、かつての水郷生活に思いを馳せながら、食事をしたり写真を撮ったりする。十数年前、ここに人が暮らしていた様を頭に思い浮かべてみたが、人々の騒がしさにかき消されてしまった。

　隣家との境に積まれた磚の壁は漆喰で白く塗られ、日本建築における防火壁である「うだつ」によく似ている。屋根は、ぴっちりと揃った日本瓦とはまったく違った。色に微差のある簡単な瓦を、雨が漏らなくなるまで大量に重ね置いた感じだ。そうしてできたモコモコとした屋根の陰影が、風景に立体感を与えている。地区内でほぼ統一された屋根や壁の作られ方に対して、窓や扉などの木製建具には、様々な透かし彫りの文様が施されている。この文様によって部屋の機能、地位などを表しているように見えるが、住民のいなくなった今は知る術がない。

　磚の積まれた壁や、モコモコ瓦などを観察している僕の横では、観光客が忙《せわ》しなく自撮り棒を振りかざしている。少し疲れたのと、やはり人々の「生の」生活が見たくなったので、明日は「景区」外を見ることに決めた。保存地区の周辺に住む人々は、現在どんな家に住んでいるのだろう。その中には、元々この水郷に暮らしていた人も多くいるはずだ。

現地で描いたスケッチ

黒いレンガ（磚）の特徴的な積み方

透かし彫りの窓や扉でいっぱいの壁面

夜は宿にいたスタッフの女の子に、簡単な中国語を教えてもらった。人々の実際に生活している家を見るため、「日本の学生です」「建築を勉強しています」「あなたの家を見せてください」といった言葉を教わった。日本人には難しすぎる発音を、一晩中練習した。

次の日、「景区」外を歩き始める。幅の広い道路には3階建ての集合住宅がびっしりと立ち並んでいた。1階は主に店舗となっており、2・3階に人が住んでいるようだ。どうやらここが、現在の烏鎮の町並みらしい。木製建具はアルミサッシに取って代わり、同じような窓が複製配列されている。家ごとに透かし彫りの装飾で何かを表すことはもうなくなっている。しかし構造は、建設中の建物の姿から、RC造の軸組（建物の骨組みのことで、土台・柱・梁・桁・筋交などで構成される）にレンガの壁を建てたものであることがわかる。木造の軸組に磚（黒レンガ）造であったかつての水郷の家と、本質的にはあまり変わらないつくり方なのかもしれない。面白いことに、装飾と化した「うだつ」がここにもつくられていた。

建物の裏に回ると、川沿いには申し訳程度のヒョロヒョロとした木々が連なる。そこに洗濯物が干され、飲食店などの物置場になっている。雑然とした裏町の風景を歩いていると、中年の女たちが昼間から麻雀に興じている。ああ、中国に来

「景区」を抜けるとすぐに、3階建ての建物がずらりと並ぶ

川沿いの風景

たんだなという感じがした。川を隔てた向こうに観光客の行き交う「景区」があることを考えると、それらは互いにまったく関係のない、別世界のように見える。面白い光景ではあるが、しかしかつて彼らが親しんでいた川は、ただの排水路に変わってしまっていた。

さて、こんなところをウロウロしている外国人は他にいないので、突然、じいさんに声をかけられた。何も持たず、だらりと白いシャツに身を包んだ背の低い老人は、しきりに笑顔で話しかけてくる。ここの住民のようだが、何を言っているのかまったく聞き取れない。しかしこれはチャンスである。彼についていくことにした。昨晩特訓した中国語でなんとかコミュニケーションを取ろうとするも、あまり伝わらない。こういうときはスケッチを書いたノートを見せるのが有効であるということは、このとき学んだ。建物に興味がある人間だということが伝わればよいのだ。そしてとにかく「あなたの家」という単語を繰り返していると、ついにじいさんは僕を家に連れていってくれた。

「あなたの家、あなたの家」……。景区外の町をじいさんと連れ立って歩く。何やら新しい大きな建物の建設現場を見たり、舗装されていない細い道を歩いたりと、観光地とは違った生活のシーンの中を通り抜けていくこと40分。さすがにどこに連れていかれるのか不安になってきた頃、やっと彼の家らしき場所にたど

話しかけてきたじいさん

り着いた。ちなみに後から気づいたことだが、僕は「あなたの家」という単語さえ言い間違えていた。一晩中練習したのに。

その家は平屋で、レンガを積んだ壁を白く塗った小さな家であった。屋根の瓦は景区で見た古い建物と似たようなもので、よく見るとレンガの積み方も似ている。景区外といってもそこに共通点はあるように思えた。先ほどの3階建ての家より古そうだが、ここも一気に建てられたのだろう、周辺にも同じような家が並んでいる。

家に入ると靴を脱ぐ玄関にあたる場所はなく、すべて土間のような、乾いた空間だった。日本の家に慣れている僕には、そこは家の中という感じがしないように思えた。じいさんの奥さんらしき女性が、竹と籐でできた気持ちの良さそうな椅子に座っていた。突然やってきた異国の若者に戸惑いながらも、僕の持っている中国語会話の本やスケッチを書いたノートなどを物珍しそうに眺め、中国語で話しかけてくれる。理解はできないけれど、僕の訪問は迷惑ではないみたいだった。

初めて、見知らぬ土地で、見知らぬ人の家に上げてもらった。夫婦に了解をとって、部屋を実測させてもらうことにした。

家の中は、居間を中心として左右対称になっていた。入り口扉と正面に2つ窓があるだけで、中はかなり暗い。奥の方は倉庫のようで、日常的に使われるのは居間と調理場、そして寝室の3部屋だろう。非常にシンプルな家である。

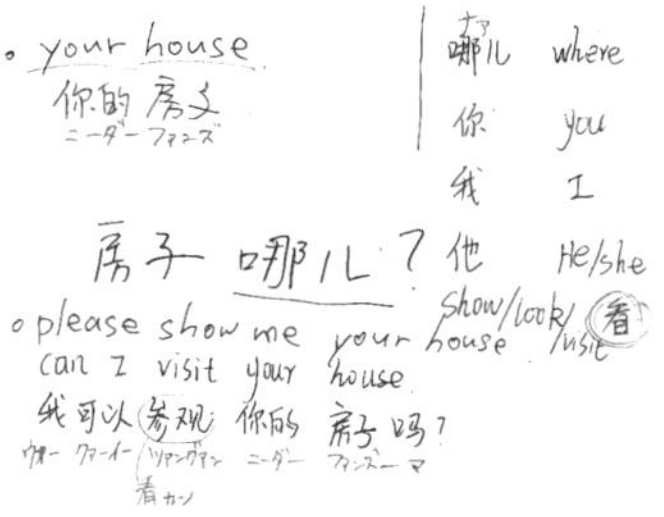
your house
你的 房子
哪儿 where
你 you
我 I
他 He/she
show/look/visit 看
房子 哪儿?
please show me your house
can I visit your house
我可以参观 你的 房子吗?
宿の女の子に受けた中国語のレッスンノート

案内されたじいさんの家の正面

入ってすぐの居間。竹と籐でできた椅子に奥さんが座っている

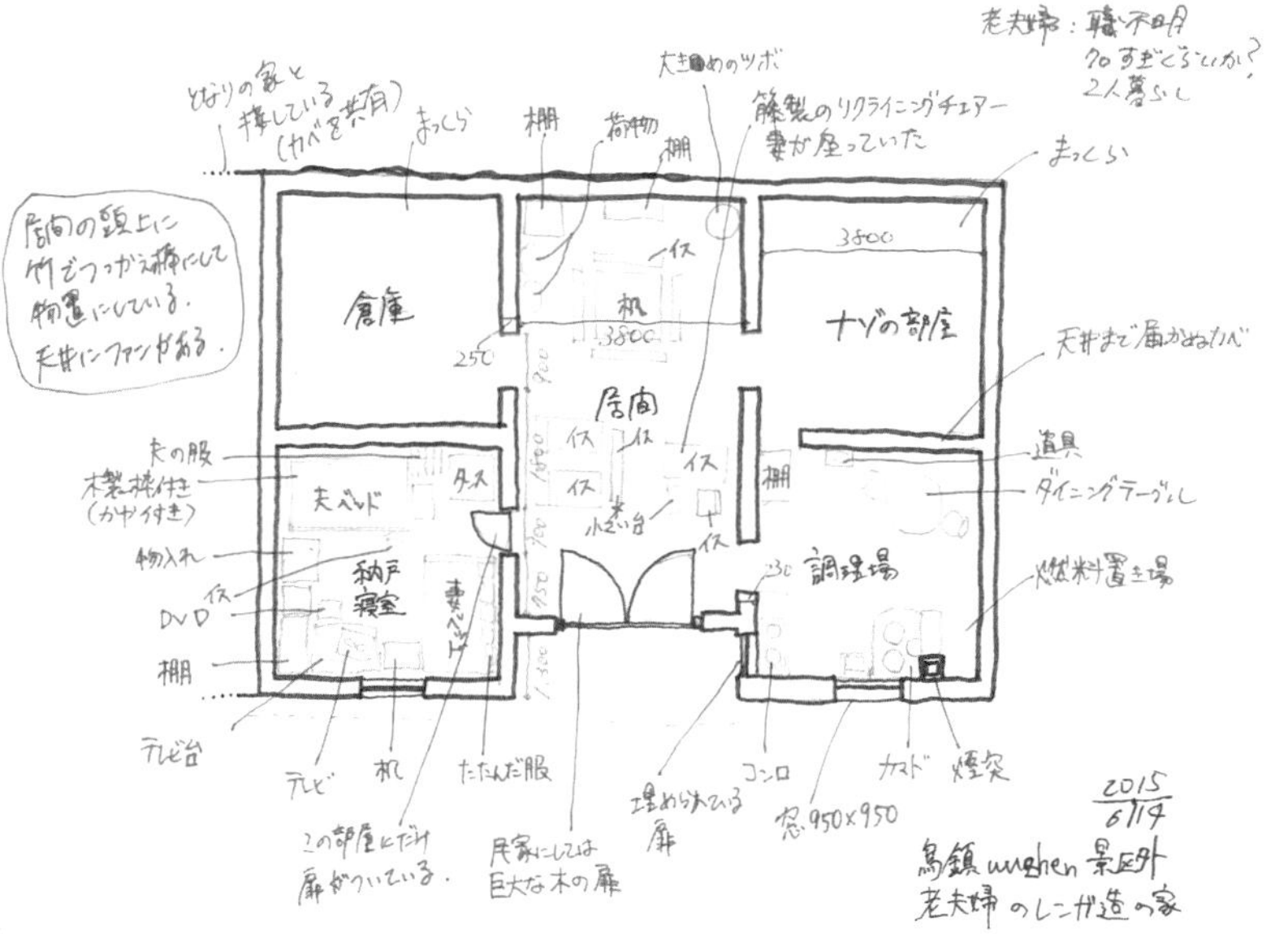

現地で書いた実測図。居間を中心としたシンプルな対称プラン

調理場のかまど横に開けられた窓も単純で、防犯のためか格子が設置されていた。やはりここでも景区内の木の窓や扉のような装飾は見られず、明かりとりとしての機能だけが必要とされているようだった。真っ暗な部屋で、差し込む光の周りにかまどや流しが集まっている。窓の位置が、調理場の配置を決めているようだ。

ふと、自分の入って来た入り口を見返す。驚いた。

窓に比べて明らかに過剰な大きさの、寺院にでもあるような重々しい木製の扉がそこにはあった。かなり年季が入っており、古い家から持ってきたように見える。装飾こそないが、じいさんの身長の2倍以上あるその扉の存在感は、この家の最も重要な場所が「ここ」であることを物語っていた。

その後、彼らはなんと寝室まで見せてくれた。中はテレビや服、タンス、何かものが入った箱などでいっぱいだが、しっかりと整頓されており、人が生きている空間であることが伝わってきた。「大事なものはすべてここにある」といった感じだ。その証拠に、寝室への入り口も象徴的な木の扉でしっかりと施錠できるようになっていた。居間につながる4部屋の中で、この寝室だけがこんなに重々しい扉をもっていた。奥の部屋の木製扉は開け放しになっていて、調理場と倉庫には扉さえなかった。

真っ暗な部屋の中で、窓から差す光のまわりに生活空間がつくられる

寺院のような入り口の木製扉

「景区」外の家は、観光客に見られることもなく、歩いていたら見過ごしてしまう平凡な家である。しかし彼らの暮らしをもう少し覗いてみると、大事な窓や入り口に象徴的に木の扉を使う意識が見られる。それは「景区」で見た木製建具の装飾に対する意識の、最も根源的なかたちなのかもしれない。

お礼をして帰ろうとする僕を、夫婦は笑顔で見送ってくれた。大きな木の扉の脇に立つ2人は、とても小さく見えた。

前項：巨大な扉から差す光で、居間は明るくなる。右手に寝室の木製扉が見える

大きな入り口から見送ってくれた夫婦

03

地下の都合

張村

Zhang village

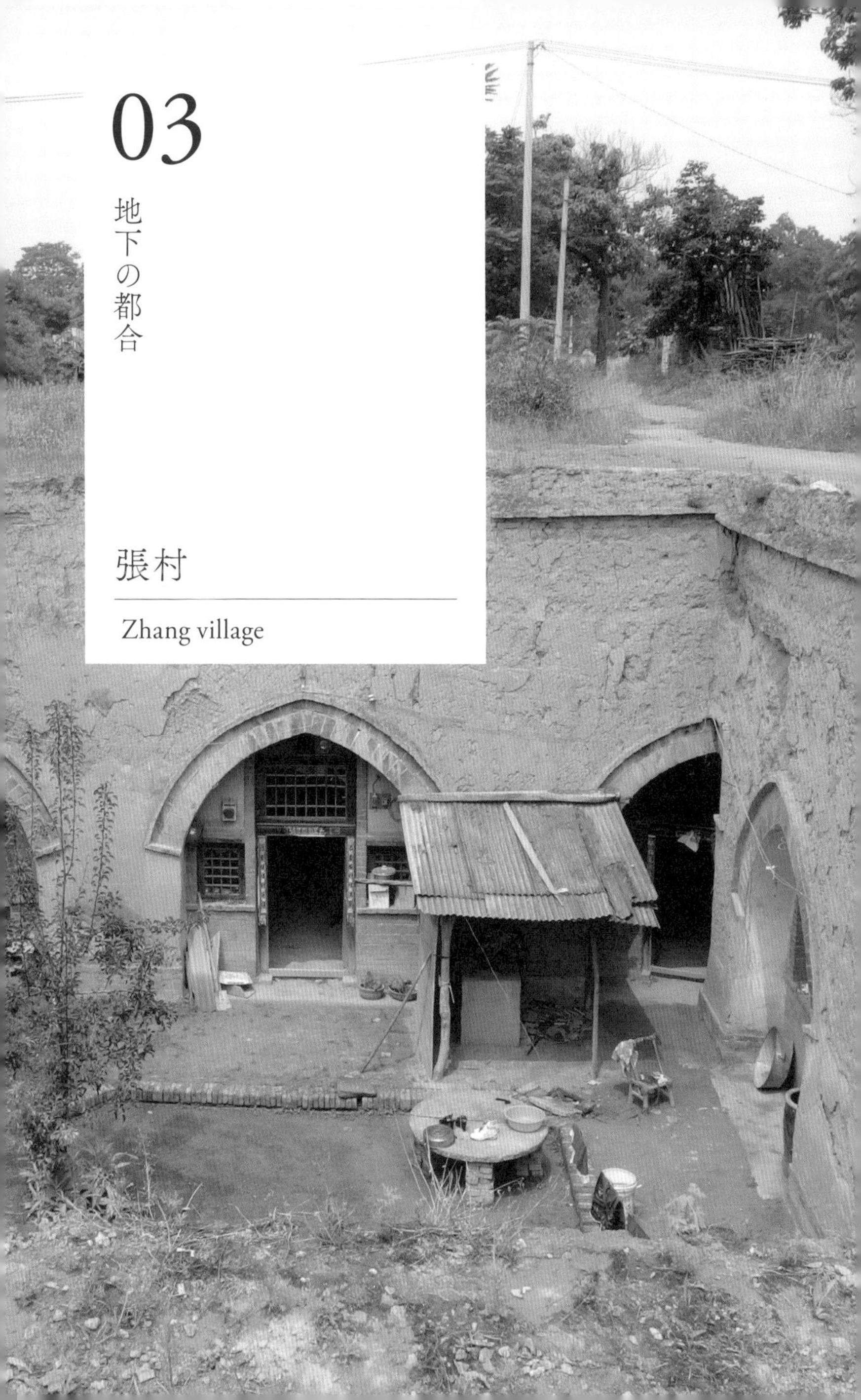

Zhang village

乾いた黄土色の大地に、四角い穴が開いている。
その穴の中に、暮らす人々がいる。

河南省三門峡市にある、張村という村にやってきた。黄河の中・上流域に広がる「黄土高原」に位置する村である。大地をつくる細かな黄土は、ずっと昔から西方の砂漠より飛んできた粒子が１００ｍも２００ｍも堆積したものであるという。日本でも時々耳にする「黄砂」はここからやってくる、と聞けば少しは身近に感じられるだろうか。

都会から外れた村に行く方法がわからなかったので、大学にいた中国人留学生のツテを頼り、三門峡市に住むウェンウェンという女の子に連れて来てもらった。僕を宿まで案内すると、ウェンウェンはすぐに都会に帰ってしまった。日本を旅立って1週間くらいで、一人中国の農村にポツンとたどり着いてしまえたことが、なんだか不思議だった。

気が遠くなるほど広い黄土高原には地下の穴に住む人々がいて、その家は「ヤオトン」と呼ばれている。建築界では名著とされるバーナード・ルドフスキーの『建築家なしの建築』（１９６４）でも取り上げられている、この地域の伝統住居

穴の中の暮らし

だ。この村では地面に四角形の穴を掘り下げ、それを中庭として、さらにそこから部屋をいくつも掘ったヤオトンが主流である。

穴を掘って住むのには、もちろん理由がある。大陸性気候の影響で夏と冬の寒暖差が激しいこの場所では、穴の中の方が夏を涼しく・冬を暖かく過ごすことができるのだ。土という断熱材を最大限利用した、人々の知恵である。

と、いろんな本には書かれていたのだけれど……2015年にもなって、本当にまだそんな暮らしが続いているのだろうか。そこで、ヤオトンの今を確かめに来たのである。

……結果はまずまずであった。

やはり村の中には、打ち捨てられたヤオトンも多かった。地下のヤオトンを物置にして、地上に小さな小屋を建てて住む人も多くいた。それでもヤオトン暮らしが完全になくなったわけではなく、小さな村の中には現役の「穴」も見られる。

あるヤオトンを地上から覗くと、母親と息子が昼ごはんの支度をしていた。中は暗くてよく見えないが、大地と同じ黄土色のかまどを使って、大量のマントウ(具なしの肉まん。このあたりの主食である)を蒸していた。調理場の煙で煤けた内部の黒さが、その穴の古さを物語っているようだ。

使われているもの、使われていないものはあるけれど、かつてこの村の住居の

地下で現役のヤオトン生活を繰り広げる親子

崩れたヤオトン

すべてがヤオトンだったのだろう。村を歩けばすぐに穴、また穴である。

今回泊まった村内で唯一の宿も、御多分に漏れずヤオトンだった。古いヤオトンを綺麗に改装し、外から来た人が見学できるような施設にもなっている。壁はむき出しの黄土ではなく漆喰で塗られ、レンガで飾られている。そのひとつが僕の泊まる部屋だった。3食付きで、1200円／晩・穴という破格だった。ほとんど観光地化されていない上に、タクシーでしかたどり着けないこの村に、中国人観光客はまだ気づいていないようだ。客は僕一人である。

さて、せっかくヤオトンに泊まるのだから、自分の部屋を実測してみた。

部屋の開口部は、穴の入り口とその横の窓だけである。奥行き6mほどの部屋の中は白く塗られ、手前に「カン」という黒レンガでできた伝統的な寝床（かまどの煙がこの寝床の下を通って抜けていくため、暖房効果がある）と、奥にダブルベッドが置いてある。久々の来客なのだろう、2つ並べられた椅子の上にはうっすらとホコリが積もっている。

部屋は奥に行くほど湿気がひどく、ダブルベッドの布団はしっとりとしている。穴を掘れば無限に住空間がつくれるわけではないことを、身をもって知った。寝床の脇の壁には調湿のために、腰の高さまで新聞紙が貼ってある。この「新聞紙貼り仕上げ」の壁も、ヤオトンに住むための知恵なのだろう。ヤオトンの中では、こうした様々な「地下の都合」に従って暮らす必要があるのだ。

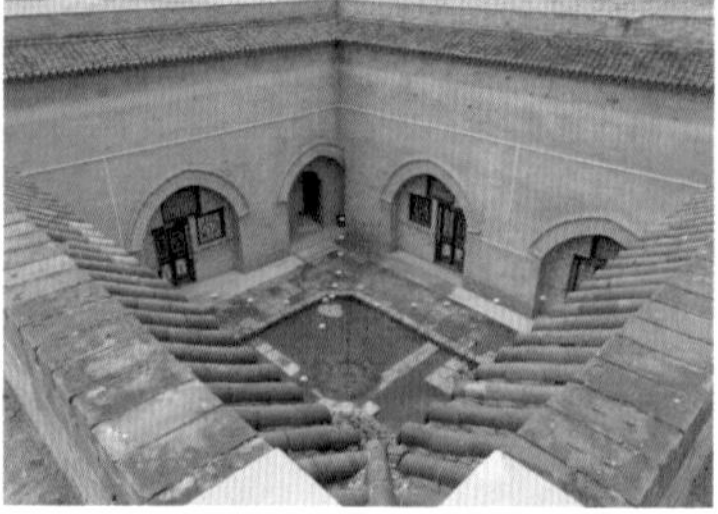

綺麗に改装されたヤオトン宿。屋根瓦までついている

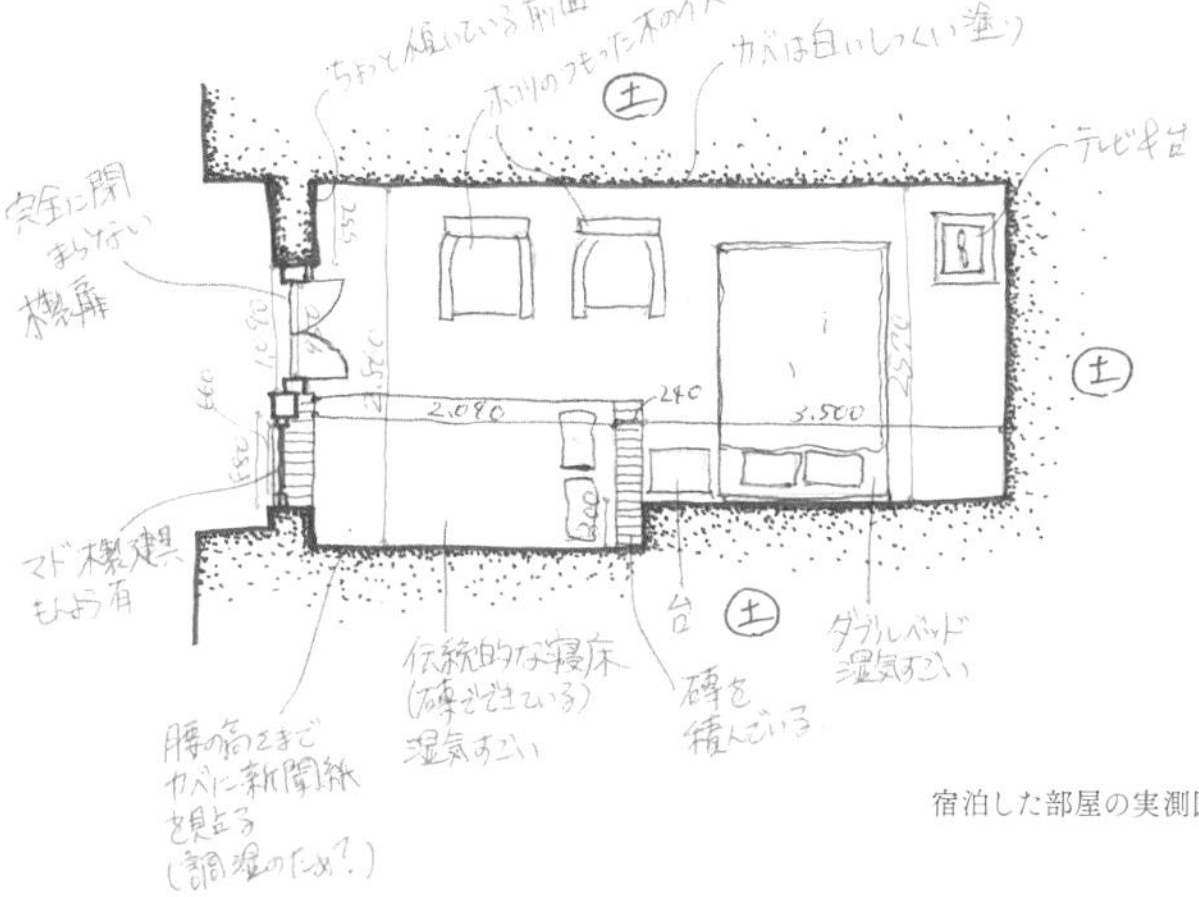

宿泊した部屋の実測図

穴の奥から、外気と光をもたらす入り口を見る

さて、村を見るにはまず老人に出会うことだ。これまでの旅で培ってきた自分流の方法論を確認しながら、木々の緑が美しく映える黄土色の大地の中を歩く。そして、頭にハンカチを載せて木かげで休むばあさんに出会った。

この人は、ヤオトンに住んでいるのだろうか？

とりあえず、スケッチを見せて興味を伝える。案の定、言葉はほとんど伝わらない。だがここは中国、我々には漢字がある。筆談を交えてコミュニケーションを図る。そうこうしているとそのばあさんの友人が2人加わってきた。3人のばあさんと30分くらい話し、どうにかこちらの意図は伝わったようである。すぐそこにハンカチばあさんが今も暮らしているヤオトンがあった。地下へは、中庭の四角い穴とは別の、少し離れた場所につくられた小さな穴から入るようになっていた。ばあさんは膝が悪いのか、杖をつきながらゆっくりと僕を案内してくれた。

荒々しい大地を削った、まるで迷路のようなアプローチを下りながら、僕の中の「家」のイメージが更新されていく。

彼女のヤオトンは、深さ6mほどの穴であった。どのヤオトンもこのくらいだったから、それが標準なのだろう。高木の生える中庭の3面に部屋が掘られ、あとの一面はワイルドな崖面となっていた。

それにしても、この家に「建てる」という表現を使っていいのだろうか……。

ばあさんにノートを見せる

何もない大地からこの空間を生み出すには、一体何人の村人が、どれほどの時間をかけ、どれほどの土を運び出したのだろう。材料は無限にある。いや、むしろ材料などないといった方が正しいかもしれない。

壁面は、掘り出したままの部分もあるが、ほとんどが日干しレンガでしっかりと補強されている。黄土はとても硬いが、水には弱いのだ。中庭も綺麗に固められている。

このヤオトンに、ばあさんは一人で暮らしているらしかった。そのため使われていない部屋も多い。普段過ごしている部屋を見せてもらった。

日干しレンガでつくられた先の尖ったアーチ型の正面には、扉と2つの窓がある。窓には木製格子が嵌め込まれており、そこだけ黒い焼成レンガで縁取られていた。

奥行き7mほどの部屋の中に入ってみると、ものすごく暗い。しかし左右背後に壁があり、正面だけが開いている空間には、とても安心感がある。ここも内壁にはしっかりと紙が貼られていた。ベッド脇の立派なタンスの上に先祖の遺影があると思ったら、ばあさん自身の写真だった。壁には毛沢東のポスターも貼られている。夢中で観察する僕を、彼女はベッドに腰掛けて物珍しそうに見つめる。僕の持参したメジャーが壊れてしまったのを見て、小さなメジャーをくれた。僕はそのお礼に日本の5円玉をあげた。海外では穴の空いた硬貨が珍しいらしく、記念にあげられるよう、いくつか準備していたのだ。

外からは気づかなかったが、アーチの最上部にも小さな穴が開いていた。外に

部屋とばあさん

ばあさんのヤオトン中庭

主室の内部

焼成レンガで縁取られた窓。壁は藁スサ入りの黄土で念入りに固められている

通じているその穴を介して、テレビや電気の配線が引かれている。風や光のみならず、電気や電波をもこの入り口から取り入れているのだ。この唯一の外界との接点が、彼らにとっていかに切実で重要な部分かということがよくわかった。

ハンカチばあさんのヤオトンを後にして地上に上がると、老人が増えていた。暇そうなじいさんばあさんの真ん中に座らされ、延々と話しかけられる。田舎だからか、その言葉は中国語にすら聞こえない。先ほどばあさんにあげた5円玉を物珍しそうにみんなで順番に手に取り、あーでもないこーでもないと盛り上がっている。そんなに議論することがあるのだろうかというくらい盛り上がっている。「あんた、もらっときなよ！」などと言っているような気がした。

彼らとの筆談からかろうじてわかったことは、そこにいた9人のうち2人だけが今でもヤオトンに住んでおり、残り7人は、20年前くらいから「新房子《シンファンズ》（新しい家）」と呼ぶ地上のレンガ造の家に徐々に移り住み始めたということだった。さらにそのわけを聞くと、膝に負担がかかることと、やはり湿度の問題であった。

もう一人のヤオトン居住者のじいさんにも、家を見せてくれと頼んでみた。彼はなんと100歳の古老であった。「この村のヤオトンはどのくらい古いのですか」と聞くと、返事は「2000年」。ヤオトンではなく村の古さなら、そのくらいかもしれない。いや、この「穴」がそのくらい古い可能性もあるのだろうか……？

ヤオトンを倉庫にして小さな新房子を「建てる」

そんなことを考えながら、鍬を杖代わりに歩く100歳の背中についてゆく。

じいさんのヤオトンは、合計9部屋もある大きなものだった。今は一人暮らしと見えて、寝起きする部屋以外はほぼ倉庫になっている。中庭では野菜を育てていて、これが○○、これが○○と説明してくれるのだけど、当然ながらひとつも聞き取れない。彼の部屋には、例のごとく自分の写真が飾られていた。どうやらこの村には、自分の写真を大きく遺影のように飾る風習があるみたいだ。けっこう最近の写真のようだったから、数年に一度写真を撮る業者が来て、村の老人でまとめて頼んだりしているんだろうか。いずれにせよ風習や習慣というものは、こうしてなんとなく始まるものなのかもしれない。じいさんは杏子や桃、冷たくなった揚げパンなどを次々持って来て、もてなしてくれた。言葉が通じない異国の青年に、こんなに優しくしてくれる彼は、この村でどんな青春時代を過ごしたのだろう。彼の100年は、どんな人生だったのだろう。聞く術はないけれど。

平面スケッチを描きながら中庭を観察していると、なんだか奇妙な部分があることに気がついた。ヤオトンの部屋の入り口は、通常は先の少し尖ったアーチ型をしている。しかし、よく見ると、穴の隅のほうは綺麗なアーチになっていない。

思えば、ばあさんのヤオトンでも同じような部分があった。写真を見返すと、どのヤオトンも、泊まっている宿でさえそうなっていたのだ。無意識に同じアー

部屋の案内をしてくれるじいさん。左の遺影のように見えるものは、自分の写真である

100歳のじいさん

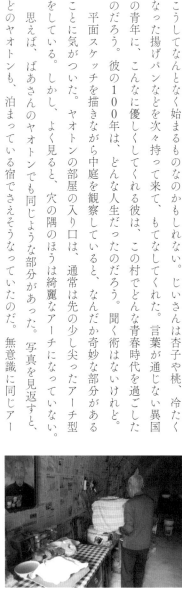

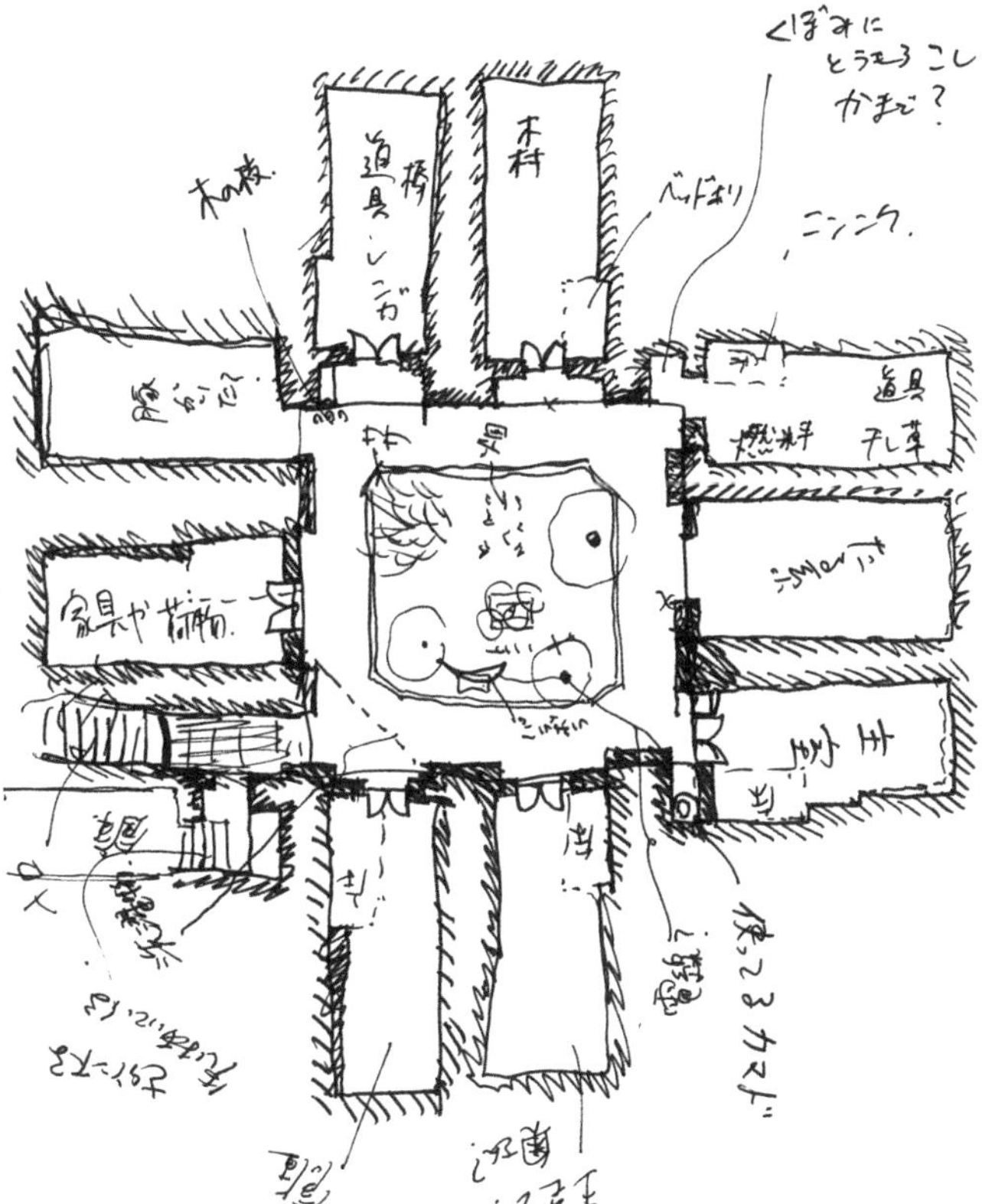

現地で描いた平面スケッチ

チが連続しているものと思っていたが、そうではないらしい。一体これはどのようにしてできたのだろう。

後から調べてみると、こういうことらしい。

たとえばここに基本的なヤオトンの平面図を描いてみる。上下に3つずつ、左右に2つずつの部屋を四角い中庭から掘るためには、上図のように、均等に配置される平面図がまず考えられる。しかしこの村では実際には、下図のようなヤオトンがつくられているのである。

部屋の数も、部屋の大きさも変わらない。しかし隅部分の各部屋をできるだけ近づけ、ときに2部屋が入り口を共有することによって、中庭が3分の2ほどの面積で済むようになることがわかるだろう。

これは他でもない、「土を掘るのが大変」だからである。単純な話だ。この労力の削減が、ユニークな開口部のバリエーションとして表れていると気づいたとき、ヤオトンの面白さ、そして奥深さが見えてくる。なんとも不思議で、魅力的だ。

また他にも、隅部分でアーチと四角い開口部がぶつかっているものもあった。そしてそこには、かまどが設えられた半外部空間が展開している。日本建築でいうところの軒下や土間のような、あいまいな空間が生まれているのである。

このような開口部のデザインが、彼らの頭の中にはじめからあったとは考えにくい。この黄土高原で、何千年と土を掘り続ける中で改良・調整され、それが

隅の方で、アーチの半分が埋もれている

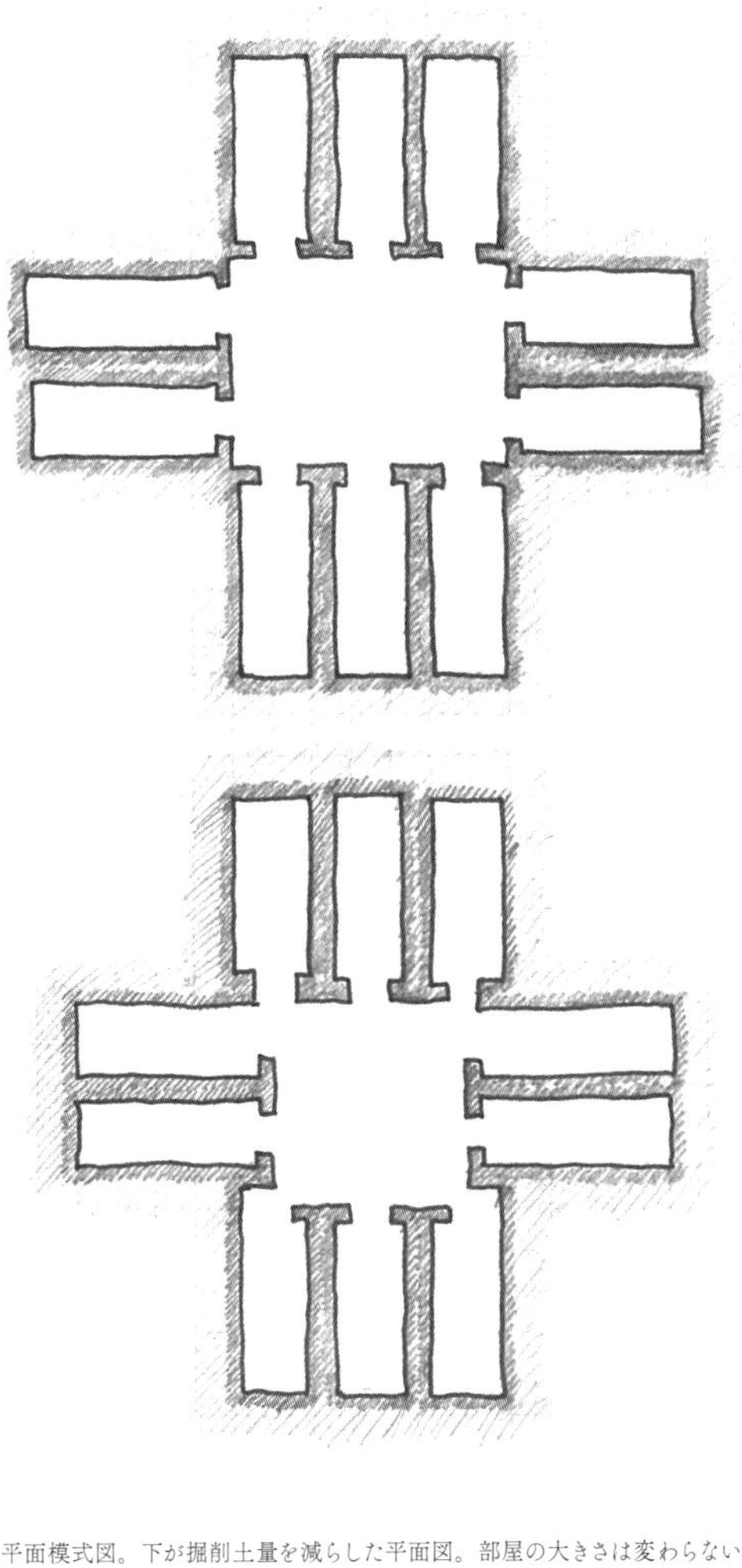

平面模式図。下が掘削土量を減らした平面図。部屋の大きさは変わらない

2つのアーチの結合

左：アーチと四角い開口部の結合。部屋入り口の前にはかまど空間

いつの間にか定着していったのだろう。いわば時間に整えられてできた形であり、その特異な造形は当然のような顔をして彼らの生活に馴染んでいる。

黄土高原に暮らす人々にとって当たり前の「地下の都合」は、「地上の人間」である僕には興味深く見えた。この村でも、徐々に人々は地上に上がり、ヤオトンは捨て去られつつある。しかし一度掘った穴は埋め戻すことはできないという。「地下の都合」の抜け殻は、あと数百年はここに残るのだろう。

夕方、宿に戻ると、もう夕飯の時間だった。マントウを主食におかずが2品出た。豪華じゃないが、おいしい夕飯だった。食後ヤオトンから上がって、村の彼方に沈む夕日を眺めていると、宿の娘さんが英語で話しかけてきた。一人でここに来る外国人が相当珍しいようだ。彼女によればこの村のヤオトンはかつて、敵から身を守るため、すべて地下でつながっていたらしい。それがいつの時代のことかわからなかったが、そんな時代のご近所付き合いなんかは、今とはまったく違うものなんだろうなと思う。

薄いピンクのパジャマを着て、裸足にサンダルを履いた彼女は、隣で犬と戯れている。少女のような見た目だが、僕と同い年で、すでに赤ん坊が2人もいるという。穴の家に生まれ、穴の中で明日もマントウを食べる彼女の人生を想像してみた。世界は広いと思った。

明るさと通風を手に入れても、壁に新聞紙を貼る習慣が抜けない「地上の家」

04

浮いた屋根

トルファン

Turfan

Turfan

日本を出発する前、中国に来たら西の方まで行ってやろう、と思っていた。1300年前に奈良の正倉院にまでたどり着いた、あのプリミティブなガラス、お面、鼻の高い人たちの姿、それをはるかに運んできたシルクロードにずっと憧れがあったし、「タクラマカン砂漠」というういかにも異国を感じさせる名前の響きだけでも、相当な魅力を感じていた。

トルファンは中国の西方・新疆ウイグル自治区にあり、古くからシルクロードの中継地として栄えた砂漠のオアシスである。最近は漢民族も増えてきているが、主な居住者はウイグル人である。この町はタクラマカン砂漠近くの「トルファン盆地」に位置し、北方の天山山脈からの雪解け水を地下水路（この地では「カレーズ」という）によって引いてくることで、生きるための資源を得てきた。

水の引かれた場所は緑が茂っているが、年間降水量は20㎜にも満たない。東京の100分の1程度と考えても、これはちょっとまったく想像がつかない。そんな砂漠気候で、海抜0m以下の場所も多いという盆地のため、夏の気温は40度以上なのに冬は0度以下になるという。シルクロードの中継地という地政学的な理由がなかったら、こんなところを選んで住み着きたくないような、けっこう厳し

トルファンを小高いぶどう干し小屋の丘から見る。砂漠気候とは思えない緑

い土地である。ちなみにヤオトンの黄土は、このあたりから風に乗って旅をしてきた砂が積もったものであると言われている。

そんなトルファンを訪れたのは、40度を超える真夏の時期だった。強い日差しの中を歩いて、濃い影を見つけては涼む。乾燥しているこの地では、影の中は涼しくて気持ちがいい。借りてきた自転車を漕いでいると、暑さ対策のため頭に載せた濡れタオルも15分で乾ききってしまう。ウイグル語には「ジメジメ」とか「カビ」とかいう言葉はあるのだろうか。それほど湿度とは無縁な土地だ。

ウイグル人の集落はカレーズに沿って形成されている。集落内ではカレーズが地上に出て道の両端を通り、その脇に植えられたポプラが影をつくる。また、強風が吹くこの地では、ポプラは防風・防砂林としての役割もあるのだろう。

訪れた「カレーズ博物館」によれば、かつては新疆ウイグル自治区全体で1784本ものカレーズがつくられたが、現在は水道に変わったものが多いという。トルファンには404本が残っている（2015年時点）が、ひとつまたひとつと捨てられていっている。近代技術は良くも悪くも、色々な方向から集落を変えてゆくのだ。しかし残っているカレーズ沿いに目をやると、子どもを水浴びさせる母の姿が見える。おそらく古代から変わらない風景なのだろう。

カレーズは、山麓から一定間隔に縦穴を掘り、地下で水路をつなげてつくる。

カレーズを子どもの水浴びに使うウイグル人の母

集落内のメインロードを歩く親子。強い太陽光が濃い影をつくる

空からはまるでモグラの穴のように見えるらしい。地下を通すのは途中で水を蒸発させないためで、水は集落の少し手前でやっと地上に顔を出し、家や畑を潤していく。これが1000本以上掘られていたのだから、相当大規模なインフラ事業である。

　人々にとって厳しいこの土地の環境は、一方では甘い果物が育つ好条件にもなるらしく、ここトルファンはメロンや干しぶどうの名産地である。道端ではおじさんが無数の果物をゴロゴロ並べて売っている。信じられない量を購入していくウイグル人の奥さん（この国では果物を買うとき、皆例外なく信じられない量を買っていく）を横目に、「ハミウリ」（細長いメロン）をひとつだけ買う。シャリシャリとメロンらしからぬ食感だが、これはこれで甘くておいしい。これが一玉60円で食べられるのだから、豊かな町だと思う。

　トルファンまで来ると、食べ物も変わってくる。直径30cmくらいのナンのようなパンを主食として食べていた。かまどで焼いているので焼きたてはとてもおいしいのだが、とにかく大きく、硬く、顎は疲れ、そして飽きる。それに合わせて羊肉や牛肉の串焼きを頼む。上海で感動したスパイス入りの羊肉串であったが、ここウイグルはその総本山みたいなおいしさだった。これは推測だけれど、日本の焼き鳥はこのあたりがルーツなんじゃないかと思う。こうやってシンプルに肉と炭水化物を食べていると、「生きるために食っている」という感じがする。ま

もぐらの穴のようなカレーズ。カレーズ博物館で撮影

道端のハミウリ売り。シャリシャリとして甘いメロン

あそれだけじゃなく、「ラグメン」という野菜たっぷりの焼きうどんのようなものも時々食べて、これもおいしかった。食事の際は、お茶碗に黄色い菊の花の熱いお茶を注いで飲む。このお茶が気に入って、商店で買って毎日飲んだ。

宿の近くのレストランでは、快活な若い女性たちが働いている。イスラム系の国では女性が店頭に立つことは少ないが、ここではかなりたくさん見た。頭にはハンカチのようなものを巻いているが、肌の露出度も高い。

それにしても彼女・彼らは、「中国人」と呼ぶには違和感を感じるほど西洋的な顔立ちをしている。当然のように中国語を話す姿は、やはりどこか不思議な感じがする。

さて、食事をしていても、宿で休んでいても、やはりここは暑い。暑さで、大事なことをいくつか忘れているような気がする。そんな浮遊感のある町だ。

この強烈な太陽の下では、カレーズの水に加え、「影」と「風」を作り出すことが必要である。それがこの地で受けた第一印象だった。

食べるものも違うウイグル人は、住んでいる家も違うはずである。彼らの家がありそうな集落を航空写真で見つけ、濡れタオルを頭に載せて自転車を走らせる。

奇妙な四角い小屋群を見つけた。どうやらそれは、干しぶどうをつくるための乾燥小屋らしかった。それらは集落の上のはげた丘に群れをなして立ち、遠くか

ぶどう園越しに見る、ぶどう干し小屋群

らは近代的なマンション群のようにも見えた。

実はトルファンに到着したのは、10時間ほどの列車移動を経た早朝だった。駅から町へバスで向かう途中、寝ぼけた僕の目に飛び込んできたのがこの小屋群だった。朝日に照らされた丘の上に、同じ方向を向いて建つ人気のない建物群を見て僕は、「知らない土地に来てしまった」と思った。


さて、まずは一人丘に登って、この奇妙な小屋を観察してみることにした。

斜面の上に整然と並ぶそれらの多くが、日干しレンガでできている。足元に広がる丘と同じ色だ。人の手と水と太陽によって、丘が小屋に変形したのである。

どうやら誰もいないようなので、ドアが開いていた比較的古そうな小屋を、ちょっと拝見させてもらう。日干しレンガをずらして積んでいるので、小さな穴だらけでスカスカだ。こうやってレンガのスキマを利用してつくる穴は、最小の窓と言えるかもしれない。どれだけ年月を経たものかわからないが、ひとつひとつのレンガはたわみ、壁面全体はまるで着慣れた服のようにくったりとしている。

正面外壁には、2つの日干しレンガの塊が壁を補強するようにとりついていた。これは古代・中世ヨーロッパの教会などに用いられたバットレス（建物の壁から直角に出て主壁を支える補助的な壁）のようなものなのではないかと想像した。

屋根はポプラの細い丸太梁の上に、枝や葉のようなもので適当に葺《ふ》かれている。

水と太陽と人の手による、丘の変形

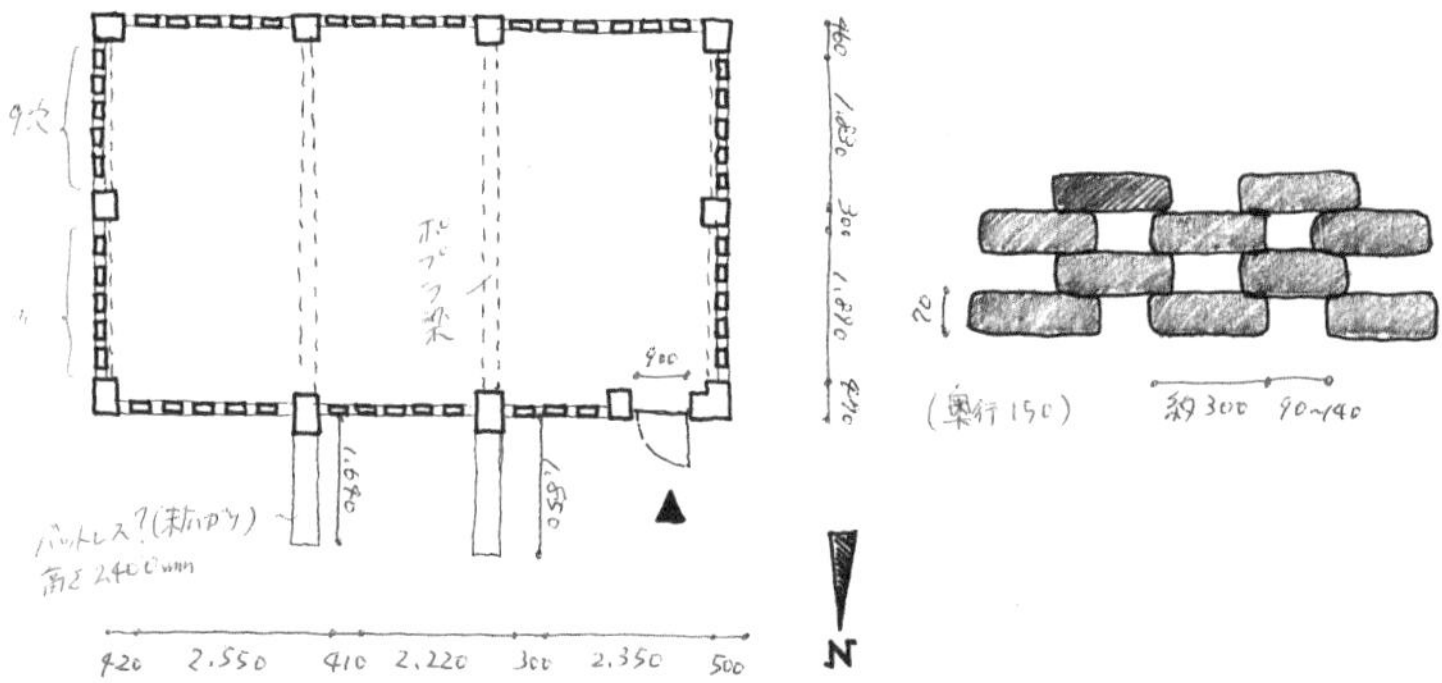

ぶどう干し小屋平面図（左）、日干しレンガの積み方（右）

中を覗いた干し小屋。穴だらけである

雨というよりは、日差しを防ぐためにつくられた屋根である。アジアのずっと東の方で、アスファルトやウレタンでみっちりと屋根防水なんかしている僕らからすれば、気楽で羨ましく見える。

小屋の内部は、コントラストの強い、美しい影が満たしていた。ここで昼寝をしたら、変な日焼けをしそうなくらいはっきりとした形の光だ。

こんなにもトルファンの気候に正直な壁と屋根もないだろう。すぐ近くにある素材で、真っ暗な影をつくり、風を通す。ぶどうのためではあるけれど、人間にとっても気持ちの良い空間だ。風の吹く南北方向に長辺が向いているのは、乾燥に便利なためだろう。

僕が訪れたのはぶどうの収穫前で、中はからっぽだったが、それゆえにつくりが良くわかった。ぶどうを干すときにはこの穴を利用したりするのかもしれない。ポプラの梁は壁面から外へ飛び出ていて、その列だけ違った積み方の日干しレンガは、十字文様の連続を見せている。

これらの小屋は、前述のとおり集落の外れの丘にある。風が吹くだだっ広い空地で、ぶどうを風にさらすために置かれている。一方で集落や中心部には、ぶどう干し小屋が2階に載っている家もある。このような丘がすぐそばにない場合、居宅と合体し、風通しの良い2階にぶどう干し小屋が載るのである。

さて、ここまでぶどう干し小屋にこだわったのには、理由がある。実はこの小

ポプラの梁が飛び出る

左：コントラストの強い内観

屋は、ウイグルの家の基本的なつくり方を教えてくれるものなのである。つまり彼らの家は、ほとんどがレンガとポプラ、少しの枝葉でできており、影をつくり、風を通す。これが、トルファン式建築エッセンスである。

ぶどう小屋を見た後は、ウイグル集落に向かう。トルファンでは、2日間で7軒の家を訪問することができた。ちなみに僕は訪問した家のひとつひとつに、名前をつけて記録している。たとえばここでは、

「美人姉妹の家」（小学生くらいの美人姉妹がじいさんと住んでいた）
「メロン・スイカ・タバコの家」（ご馳走になったもので覚えている）
「はたらく男たちの家」（男3人でひたすら何かの作業をしていた）

といった具合である。無意識にやっていたけれど、その家で起きた出来事と一緒に覚えられるから、けっこう気に入っている。

ウイグルの家でなによりも驚いたのは、外部空間の広さである。基本的に塀によって周囲を囲まれた家には、必ず広い中庭がつくられている。建物と同じかそれ以上の面積をもつ中庭はぶどう棚の屋根でつくった日陰の中にあり、風の通る快適な空間となっている。彼らは夏場、そこに置いた大きなベッド（というか台）で眠る。

「美人姉妹の家」では、ウイグル帽をかぶったじいさんが絨毯を敷き詰めた大

ノートを見るウイグルのじいさん

家の上に載っているぶどう干し小屋

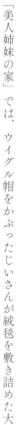

きな（本当に大きな）ベッドに腰掛けて休んでいた。ベッドの上にはちゃぶ台くらいの高さのテーブルも置いてある。無口なじいさんの傍らで、姉妹は奇声を上げながらいんげん豆をいじったり、追いかけっこをしたりして遊んでいる。この巨大ベッドが置かれた中庭が、日中の主な活動空間であるらしかった。恥ずかしがり屋の姉と、快活で騒がしい妹は、突然やってきた日本人の僕を家の中まで案内してくれた（ちなみに、この後の旅でもこういう対照的な姉妹を多く見た。「対照姉妹」は世界中、普遍的に存在しているにちがいない）。

僕が宿泊した宿もウイグルの家を改修したもので、夜中の暑さに耐えきれず中庭に出てみたら、これは相当に快適だった。そうやって自分の身体でも「ウイグルの空間」を徐々に理解していった。

日本人の感覚では「庭」はメインの生活空間として使われることはあまりない。山西省の地面を掘ったヤオトン住居では「家＝建てるもの」という常識を覆されたが、ウイグル人たちのこの空間の使い方は、「家＝たてもの」という考え方を揺さぶるものだった。

夏は外で眠る彼らも、寒い冬にはそういうわけにはいかない。開放的な中庭の横には、レンガ造の堅牢な家が建てられているのが常である。それは窓も少なく、まさにシェルターのような空間で、夏にはほとんど使われていないようだった。

夏は風通しの良い日陰空間で涼み、冬はレンガの中に篭る。つまりトルファン

「美人姉妹の家」。絨毯を敷いた大きなベッドが、夏場のリビングであり寝床である

の人々の生活の知恵は、季節によって2つの「家」を人間が移動することと言えるかもしれない。そのため内部・半外部空間が同じような割合で敷地内に並存し、それが彼らの家の基本形態となっているのである。

さらに、中庭の屋根がぶどう棚でなく、丈夫につくられているものもある。それを支える柱は、最近では鉄骨に取って代わられている。本来この土地にはなかった近代的な建築材料を部分的に取り入れつつも基本形態を変えないのは、このスタイルがいかに土地に適合しているかの証しだと思う。

しかし、中庭をレンガ造の小屋で囲ってつくる場合、プライバシーは確保できるが光や風を獲得するのは難しい。そこでよく見てみると、屋根に接する壁の上部に、ポツポツとレンガのスキマがつくられているのがわかる。ぶどう小屋の上部にもこんなものがあった。文様のようにもなっているが、光と風を取り込む窓なのである。後にトルファン近くのピチャンという村で訪れた家で、この不思議なスキマの重要さに気づくことになる。

ピチャンには、砂漠を見に行った。風がやけに強くて、歩くので精一杯だった。曇っているし、カメラに砂も入りそうだし、思っていた砂漠のロマンとは似ても似つかない。「安易に砂漠に憧れてはいけない」という教訓を得て、早々に切り上げて近くの集落を見に行くことにした。ある家で、じいさん2人と少年が

前項：レンガの小屋に囲まれた中庭

ピチャンの少年の家、中庭。屋根が「浮いて」いる

お茶をしている中庭を門から覗いていたら、入ってらっしゃいと招いてもらえた。アッサラーム・アライクム（イスラム教徒の挨拶）と言って、ここでもノートを見せてみると、じいさんはそれをじっと見る。少しすると目的を理解してくれたようで、嘘みたいにハエのたかっている例の硬いパンとお茶で、もてなしてくれた。小学生くらいのかわいい少年が、家を案内してくれることになった。

砂漠が近いこととも関係しているのかもしれないが、この家も中庭を囲い込んでつくられている。風呂場のような感じがしないでもない白いタイル張りの建物に対し、ポプラでできた原始的な屋根がワイルドだ。そしてその屋根の下に、スキマが見える。このスキマによって屋根は浮き、光と風を取り込んでいる。間接的に入ってくる光は柔らかく、屋根は強い太陽光の緩衝材になっている。

少年に屋根の上まで案内してもらい、この「浮いた」屋根を観察する。文様を描くように開口部が二段につくられ、その上にポプラと葉っぱによる薹絨毯のような屋根が載っている。

僕はこの開口部こそが、彼らの家の中でもとても重要な装置であると思った。興奮して部分詳細図などを描き始める奇妙な日本人を、少年は少し離れて不思議そうに見ていた。

あたりを見回すと、周りの家も思い思いの方法で屋根を浮かせている。人々の暮らしの5mほど上のあたりに、光と風が自由に出入りする世界が広がる。ウイ

レンガの上に鉄骨の梁を載せて浮かせる屋根

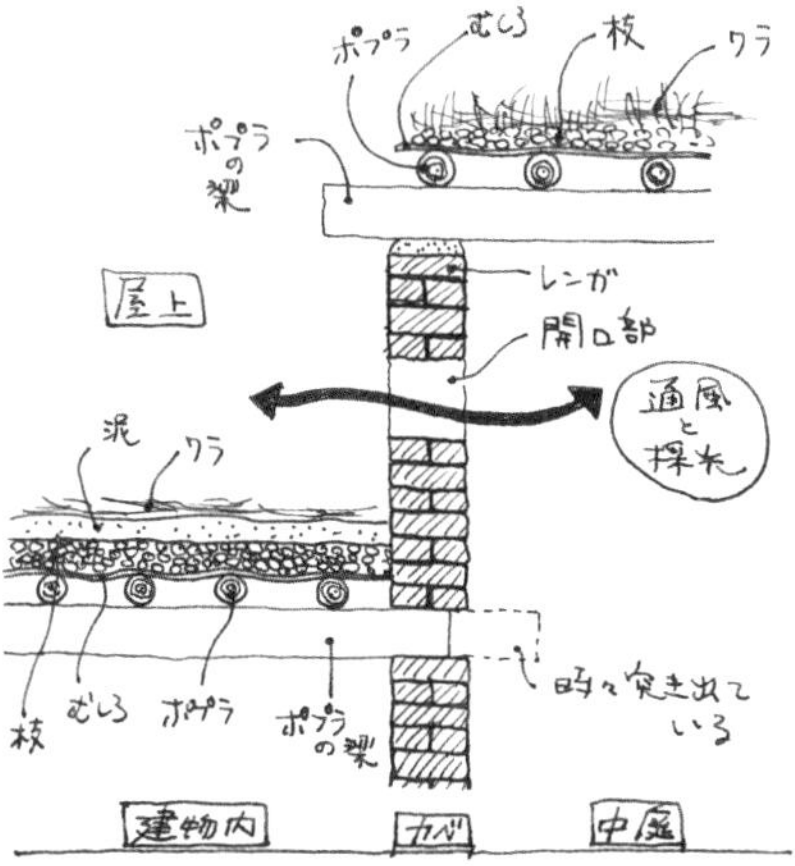

浮いた屋根の部分詳細図

浮いた屋根のつくり方

グル人の「浮いた屋根」は、厳しすぎる自然を人間の生活レベルに近づける、小さくも巨大な発明なのであった。

約5日間のトルファン滞在を終え、次の都市に向かうべくタクシーで駅へ向かう。宿で出会った漢民族の女の子3人と一緒だ。途中、ウイグル人のドライバーが急に民家の前に車を停め、中に消えていってしまった。あれ、おかしいぞと思って同乗の彼女らに聞くと、「for praying」だという。祈り??

そう、祈りなのだ。イスラム教徒の彼らは、決まった時間になると仕事を中断して礼拝に行くのだ。たとえ客を乗せている最中でも、である。僕はタクシー乗車中に仕事を投げ出されたことがなかったので、戸惑った。だが連れの彼女たちは、何事もなかったかのようにおしゃべりしている。当然のように、その10分間の空白を受け入れている。これが中国で生きるということなんだなと、僕も黄色い日干しレンガの壁を、10分間見つめていた。

「はたらく男たちの家」の浮いた屋根

05

天窓の部屋

タシュクルガン

Tashkurgan

Tashkurgan

　トルファンから寝台列車を乗り継ぎ、中国最西部の都市・カシュガルに着いた僕は、ここでかなり体調を崩すことになった。有名な「日曜バザール」に行ってもお腹がギュルギュル鳴って楽しめない。あんなにおいしかった羊肉の匂いも、もう勘弁してくれと言いたくなった。輸入品の米を買い、安宿のキッチンを借りておかゆを作り、またベッドに戻るだけの数日を送る。おまけに宿のおばさんと宿泊者の女性が、苦しみに拍車をかける。中国では、普段から猛烈に怒っているような話し方をする人が10人に2人くらいいるのだけれど、この2人は「当たり」だった。彼女たちの普通の会話が、僕にはほとんど怒号に聞こえた。そんな大声の中、2段ベッドの下で朦朧《もうろう》としていると、自分は中国の果てまで来て何をやっているんだろう、と虚しくなった。

　そんな怒号ベッドから逃げるようにして、カシュガルからさらに西、山の上のタシュクルガンという場所に、お腹をさすりながらエイっと向かうことにした。

　約7時間、ひどい土煙を上げながら、バスはぐんぐん山を上っていく。運転手はタバコを吸いながら仕事をしていた。しかし車窓から見る景色、入り込む空気は明らかに別もので、山に来たという感じが僕を快復へと向かわせる。途中、乗客の荷物や身分証検査があった。ウイグル人の検査には、漢人に比べてずいぶん長い時間をかけていた。そういうエリアに来たのだ。

ふと横を見ると、フタコブラクダがのしのしと歩いている。町に着くと、空気が薄い。標高3100mだ。こんな高地に来たのは人生で初めてだ。

シルクロードの中継地として古い歴史を持つタシュクルガンは、中国の本当の西の果てである。すぐそこにはパキスタン国境が迫り、「世界の屋根」と称されるパミール高原に位置している。ここに住むタジク族は、ウイグル族とも違ったイラン系の人々であり、独自の言語を話すイスラム教徒たちである。北京時間が使われているこの地では、夜11時頃になってやっと日が傾き始める。

町の中心部では道路が整備され、3階建てくらいのコンクリート造の店舗兼住宅が道路に沿ってずらっと並んでいる。トルファンでもそうであったが、中心部には漢民族が多く住んでいるようだ。ドミトリーの宿には人が多く、みんなピッケルやらゴアテックスやらのアウトドア装備に身を包んでいる。客の多くは、登山やキャンプをしにここに来ているらしい。

「タジク族の家が見たい」と宿のスタッフに聞いてみると、彼女は面白がって、親身に村への行き方を教えてくれた。荷物を整理して、さっそく宿を出発する。

歩くにつれて、アスファルトはだんだん砂利道に変わっていく。人の声がしな

広がる菜の花畑

バスの車窓から見たフタコブラクダ

くなってくる。20分ほど歩くと、青空と山を背に、おろしたての絨毯のような菜の花畑が広がる場所に着いた。

美しいところだ。天国があるとしたら、きっとこんなところなのだろうと思った。泥造りの家畜小屋が見える。簡単に実測して先を行く。なんだか捨て去られた村のように静かで、誰もいない。徐々に集落らしきものが見えてきた。小高い丘の上――ここではだいたいそういう場所に草木は生えず、墓になっている――に登り、見渡してみる。塀や防風林で囲まれた四角い土色の家が、農地の中にパラパラと散らばっている。川も流れ、低地には作物が育つ。微妙な高低差の中を選んで農地や家を配し、ちょうどよいバランスを保っている。健康的な村だな、と思った。

川沿いに見つけた家を、スケッチしながらゆっくりと観察する。硬そうな大小の石を積んで作られていて、泥が塗られ平滑に仕上げられた母屋の外壁の頂部には、赤地に黒のギザギザ文様が施されている。このパターンは周囲の家にも共通しているから、タジク族の印なのだろう。

引き続き川沿いをぶらぶらしていると、少年とおじさんが親子で農作業をしているのに出くわした。そこにジャケットとハンチング帽できめた格好良いおじさん（心の中でダンディと呼ぶことにした）がやってきて、何やら話している。「ここを先に片付けちゃえば、明日あっちがラクになるだろ?」などと指示している

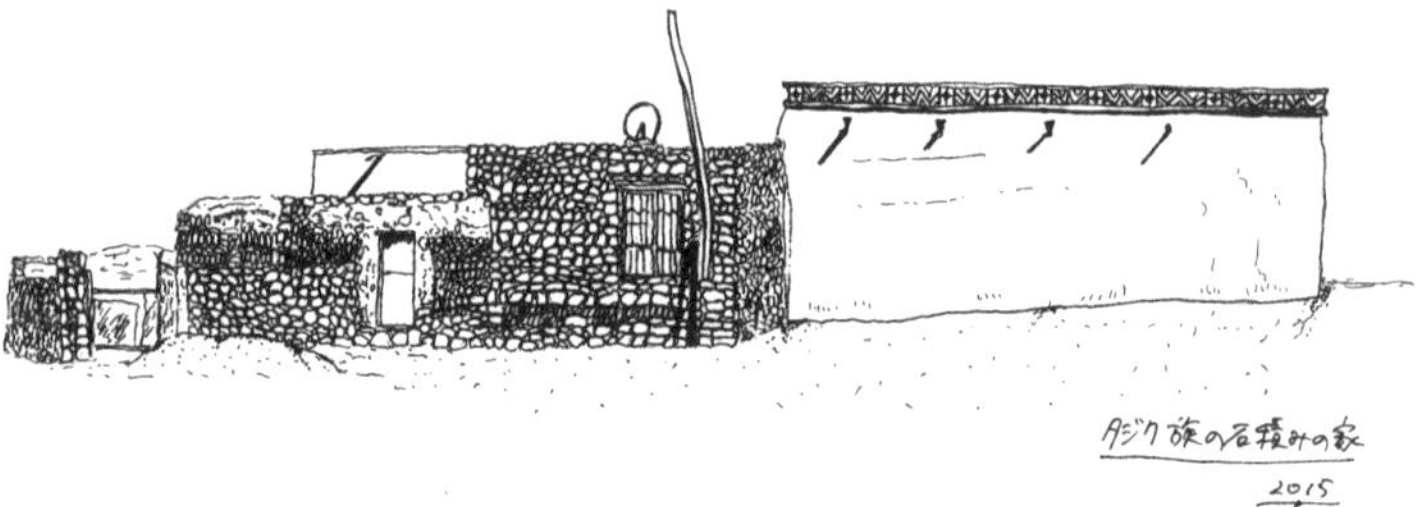

川沿いのタジク族の家のスケッチ。石積みがむき出しの部分は屋根がなく、家畜の小屋になっている

小高い丘から見下ろしたタジクの集落

感じが、地主（中国に地主がいるのだろうか？）と小作人みたいな関係に見えた。大人の話をよそに、少年はスコップで水を掬っては水路をぱちゃりとやっている。トルファンもそうだったが、イメージする中国人とは程遠い顔立ちをしている。

やりとりを横で見ていた僕に、ダンディは話しかけてきた。何を言っているのかわからないので、例のごとくスケッチを見せて、僕は危険じゃないんだよ、家を見せておくれ、と意思表示をする。すぐに（たぶん）「ついてこい」と言って、彼は歩き始める。農地ばかりが広がる村で、どこにジャケットを着る理由があるのだろう……と不思議に思いながら、その背中についていく。

すぐに彼の家らしき場所についた。石と日干しレンガ積みの家で、泥を塗った壁の上部は例の文様で飾られている。一通り部屋を見せてもらうと、思っていたよりも綺麗で、わりと新しい家なのかもしれない。

ダンディに了解をとって、家を実測させてもらう。70㎝もある重厚な壁が、この土地の冬の寒さを物語る。居間のような部屋（平面図中央左上の最も広い部屋）は、半分以上が腰掛けられる小上がりになっている。カラフルな毛の絨毯が敷き詰められ、クッションが並ぶ。柱と天井には色とりどりの装飾が施されている。ここに家族で集まって、ぬくぬくと厳しい冬を越すのだろう。

ダンディの娘さんが、ラグメン（焼きうどんのようなトマトベースの麵料理。

川沿いで出会ったタジク人

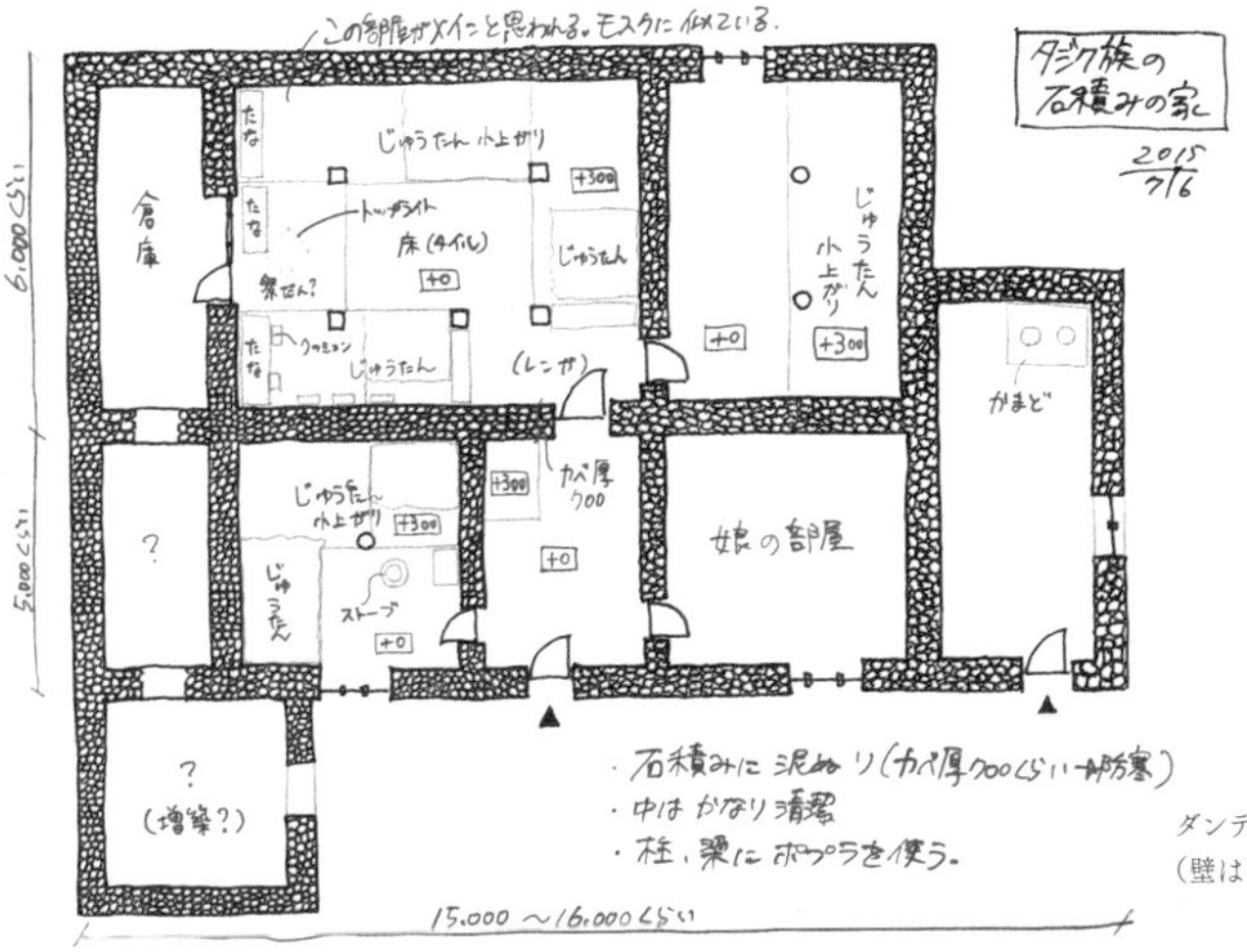

ダンディの家平面図
(壁は基本的に石積み)

ダンディの家外観

天窓の下の、祭壇のような空間

かなりおいしい）を作ってくれた。小上がりに腰掛けて、異国の麺料理をすすりながら部屋を観察する。ダンディは煙草に火をつけ、そんな僕を無言で見つめていた。

この部屋には四周に窓がない。唯一、天窓から光が注ぐのみである。ダンディは、煙草の煙を天窓から降る光に向けて得意げに吐き出している。煙がゆらゆら上っていくのを見つめていると、そこは祭壇のようにも見えた。直感的にこの部屋は、家の中でもっとも大事な場所だという気がした。

食べ終わるとすぐに、ダンディは見せたいものがあるらしく、車で僕を連れ出した。フロントガラスにひびの入ったダンディの車に7分ほど乗って着いたのは、先ほどまでの菜の花畑の広がる集落とはまったくちがう、湿地帯であった。なめらかでモコモコとした草原の中を、川が流れている。

一部は景勝地として観光客に開かれているようで、尾瀬ハイキングコースのような、湿地の上に架けられた木道や休憩スペースなどがつくられていた。ダンディの背中について、湿地帯の奥の方へ歩いていく。

少し進むと通路はなくなり、草原を歩くことになった。川は一本ではなく、水たまりのような細い水が無数に流れている。この湿地帯全体が流動的な太い川のようだ。草の上と油断して足を踏み込むと、ジワッと水が浸み出してくるところもある。ひたすら草を食む羊や牛たちの間を通り抜けて向かった先には、遊牧民

ふるまわれたラグメン。おいしかった

モコモコとした湿地帯をゆく

の家があった。それは、初めて見る「包《パオ》」だった（この地でテントの家を何と呼ぶのかは不明だが、便宜的に中国語のパオと呼ぶ）。初めて見るパオに僕は興奮した。どうやらここは遊牧民の居住地らしい。後から知ったことだが、タジク族は季節によって定住と遊牧を繰り返す半農半牧の民族だったのである。

「ここも俺の家だ」

ダンディは言う。タジク帽をかぶった2人の女性が家から出てきて、挨拶をした。彼の家族だという。鉄パイプの軸組に布のテントをまとったパオは、湿地帯の上に石を少しばかり積んだ基礎の上に立っていた。壁も屋根も同じ厚手の布であるが、足元の緑の部分はビニールのような素材で防水仕様になっている。屋根を覆う布はテントのように、周囲の地面に杭で固定されていた。

赤い扉をくぐって、中に入れてもらう。寒さを防ぐため、鉄パイプと外側のテントの間に絨毯を張っている。なんとも贅沢な断熱材である。風はまったく感じない。内部の半分は腰掛けられるベッドになっていて、派手な絨毯が敷かれ、布団が丸めて置かれている。絨毯と布団、クッションで埋め尽くされた豪華な空間は、ダンディの家でも見た。残りは土間である。物が少ないなと思って見渡すと、一角に絨毯を立てた仕切りがあり、机や荷物など雑多な物たちはその奥に隠されていた。

中央にはストーブがある。生活はこれを囲んでおこなわれるのだろう。彼女たちは僕にチャイ（ミルクティー）を淹《い》れてくれた。若い方の女性は、僕を見てずっ

タジク族の包（パオ）

羊や牛が自由に放牧されている

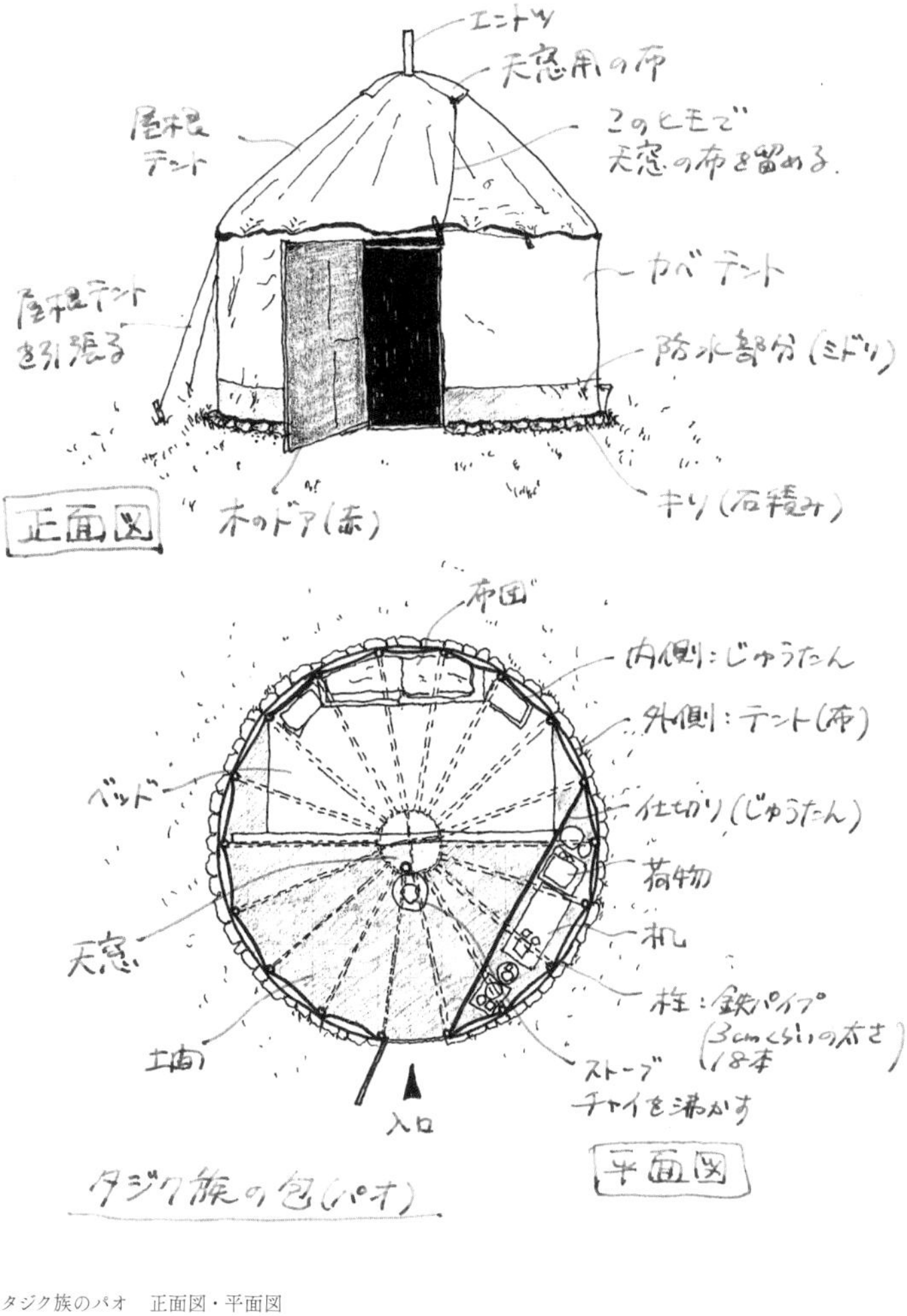

タジク族のパオ　正面図・平面図

と驚いたような顔をしている。それもそうだろう、僕はここことは何もかも違うような場所からやってきた人間なのだ。

それにしても不思議である。先ほど見た石積みの家とは似ても似つかないような家が、同じ人たちによってつくられている。トルファンのウイグル族が季節によって家の内外を住み分けていたように、タジク族は季節によって住む家もまるで違うのである。一年中東京の小さい家に暮らしている僕にしてみれば、こんなにも柔軟な家との関係をもっている彼らの生活は、とても豊かに見えた。

甘いチャイを飲んでいると、明るい天窓が目に付いた。ストーブの煙突はここから外に突き出している。ふと思う。この天窓は、もしかしたらあの石積みの家に通じるものなのではないか。まるで違うスタイルの2つの家に、共通する窓があるのかもしれない。

チャイを飲み終えると、パオの住民たちに別れを告げ、ダンディは宿まで送ってくれた。ありがとうダンディ、と伝える間もなく彼は「明日の朝9時にウチへ来い」と言い残して帰っていった。

翌朝、予定通りダンディの家に行くと、彼と同い年くらいのもう1人の男が合流した。こちらもジャケットを着ている。タバコを一本吸い終え、3人で家を出る。

到着したのはダンディの家と同じような黄土色の家。そこには様々に着飾った

左：パオの天窓を見上げる。ストーブの煙突が突き出す

老若男女が集まっており、何やら祭りでも始まりそうな雰囲気である。

家の中に入らせてもらうと、例の中央の居間（この家ではピンク色を基調としている）に人が集まっている。その部屋の奥に最も派手な格好をした若い男女が座っているのだが、その一角はピンク色のレースの布で隠されていてよく見えない。皆がその男女の周りを取り囲んでいるのを見て、僕はタジク族の結婚式に招かれたのだと気づいた。あの男女は新郎新婦というわけだ。昨日出会ったばかりの見知らぬ日本人を結婚式に呼んでくれることに驚いたが、しかし彼らの家の使われ方を見るのに、これほど幸運なこともないだろう。ありがとうダンディ。でも、人が多すぎてダンディも見失ってしまった。

この部屋を観察すれば、やはり同じような天窓がある。幾何学文様で縁取られた美しい天窓から、強い光が差している。

子どもから老人まで、着飾った村の人々が続々と訪ねてくる。来た人からこの部屋に入ってきて挨拶をする。握手したり、手にキスをしたり、頬にキスをしたり……挨拶の仕方も、若者と年寄り、男と女で何か決まりがあるように見えた。

挨拶を終えた人は座っておしゃべりをして、お菓子を食べたりしている。離れたところには男専用の部屋があり、全員タバコを吸いながら延々話している。ジャケットと帽子の着用率は100%である。彼らの正装らしい。することのない僕はいろんな部屋をぐるぐると観察したり、絶え間なく注がれ続けるお茶を何杯も

左：幾何学文様で縁取られた天窓

レースの布で隠された奥に、新郎新婦が座っている

すすった。味のしないクッキーを5個食べた。英語を話せる人が少ないため、ほとんど無言の外国人が他人の結婚式の中をウロウロしている、普通はありえない光景を作り出してしまっている。実際けっこう気まずいのだが、彼らは気にしていないようだし、ここは堂々と参加すべきなのである。子どもが僕に興味を持って話しかけてきて、少し救われる。

しばらくすると、羊（ヤギだったかもしれない）が5、6頭、軽トラの荷台に乗ってやってきた。今日のご馳走になるようだ。リーダー格らしき年配の男たちがその中から3頭ほどを選び、「例の部屋」に連れてゆく。ここで全員両手を胸の前に出し、一人の老人に続いて呪文のようなものを唱える。これから羊を食べるための、神への感謝のようなものなのだろう。このとき、けっして広くないこの部屋には40人くらいの人々が集まっていた。それを終えると羊たちは、結婚式のご馳走となるため家の前に連れ戻され、僕は人生で初めて羊の解体シーンを間近に見た。羊たちは、人間のように叫びながら食材になっていった。興味津々な僕を見て、男たちは笑いながら作業に精を出す。

羊の処理や料理の様子を見ていると、家の中から音楽が聞こえてきた。部屋を覗いてみると、部屋の真ん中で2、3人の男女が両手を広げ、交代で回りながら踊っている。祝いの舞いである。太鼓と笛が刻むピーヒャラピーヒャラのリズムは、どこか日本の祭りに似ていた。ダンディの家と同じく小上がりに囲まれたこ

続々と集まるタジク族の女性たち。帽子と布が正装のようだ

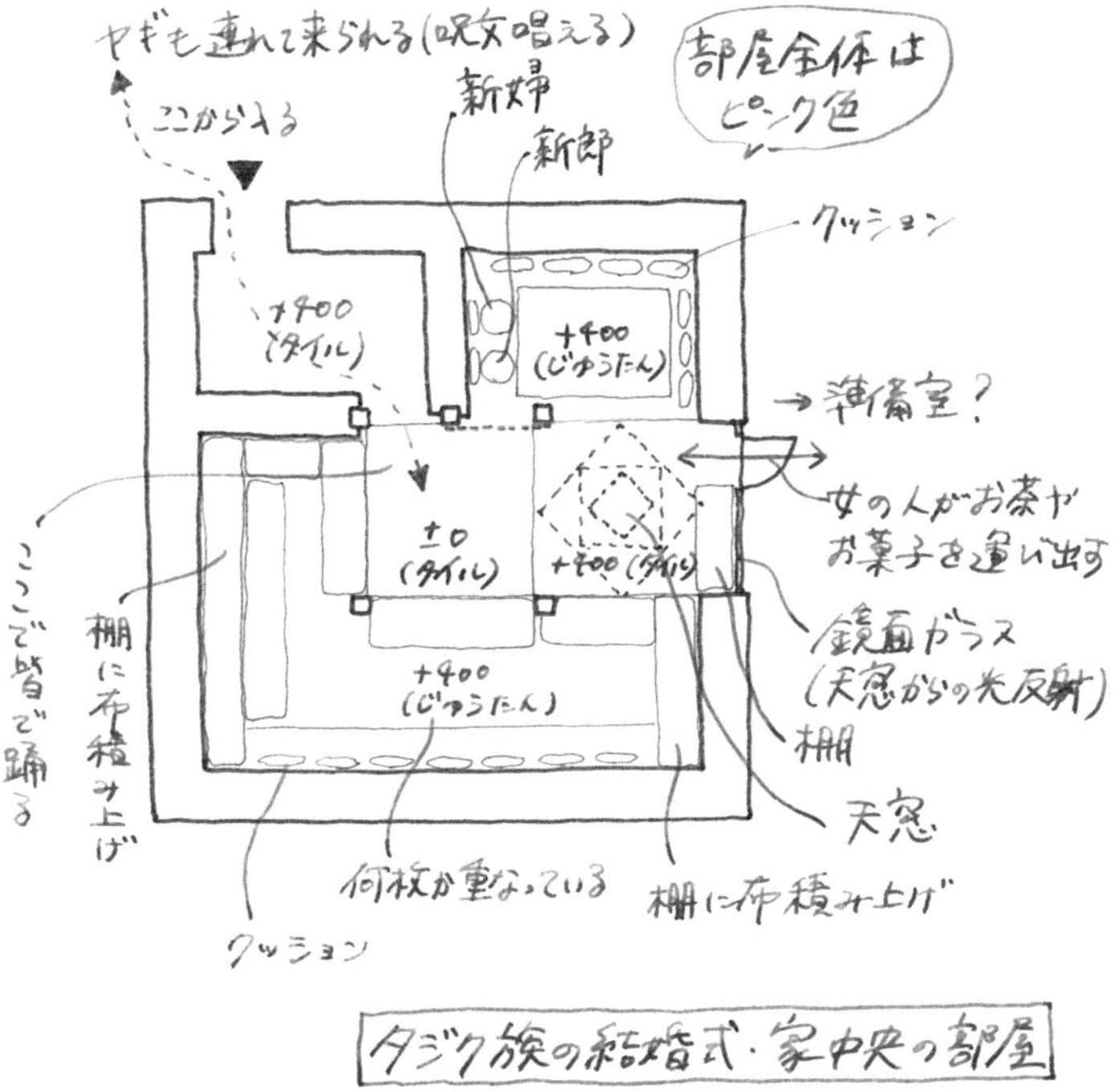
ヤギも連れて来られる（呪文唱える）
ここから入る
新婦
新郎
部屋全体はピンク色
クッション
+400（タイル）
+400（じゅうたん）
→準備室？
女の人がお茶やお菓子を運び出す
ここで皆で踊る
棚に布積み上げ
±0（タイル）
+400（タイル）
鏡面ガラス（天窓からの光反射）
棚
+400（じゅうたん）
天窓
何枚か重なっている
棚に布積み上げ
クッション
タジク族の結婚式・家中央の部屋

中央の部屋平面スケッチ

の部屋のつくりは、部屋の真ん中での踊りを周りの人が座って見る、という宴のかたちを決定づけている。天窓からの光も踊りの伸びやかさを支えている。

人々が踊っている間、新郎新婦はずっと定位置に座っていた。少し覗いてみると、ボウルに入った小麦粉を2人で混ぜる儀式のようなことをしている。「ケーキ入刀」のようなものだろうか。

家の中央の「天窓の部屋」には、新郎新婦が「鎮座」し、神への祈りが行われ、そして踊りが続く。広い中庭もあるというのに、ぎゅうぎゅう詰めになってまで彼らはこの部屋にこだわるのである。ダンディの家でなんとなく感じた直感は、間違っていなかったのだろう。やはりここが大事なのだ。そして彼らのもうひとつの家である「パオ」はやはり、独立した「天窓の部屋」に思われてならない。

ふるまわれたポロ（ピラフのようなもの）に入った羊肉は、今まで食べた中で一番おいしかった。

ダンディにお礼を言い、もう見ることはないだろうタジク族の結婚式を後にして、村を歩いて帰った。あらためて村の家々を外から見ると、そこにはやはり必ず天窓があった。少し飛び出ているものから、ガラスを嵌めただけの簡素なものまで、つくり方は様々だ。

この村の天窓の下で、これまでどれだけ家族の大切な時間が流れただろう。そして僕はこうも思う。これからどれだけそれが続くのだろう、と。

部屋の真ん中でお祝いの踊り

06

赤いスリバチ

ラルンガル・ゴンパ

Larung Gar Gompa

Larung Gar Gompa

中国四川省に、カム（東チベット）という地域がある。ラサを中心とするチベット自治区の東隣に位置し、四川省西部の山に広がるチベット文化圏である。四川省・成都の安宿でこのエリアの地図を買い、そこで出会った日本のベテラン旅人おじさんにチベット旅行の手ほどきを受けた。最初に目指すのは、カンゼ（甘孜）チベット族自治州・色達《セルタ》にある、チベット仏教ニンマ派の僧院「色达喇荣寺五明佛学院（ラルンガル・ゴンパ）」である。標高４０００ｍくらいの場所なので、高山病に気をつけなくてはならない。「酒を飲まないこと、よく寝ること」というおじさんの教えを復唱し、やけに大粒の高山病薬もしっかり購入して、バスのチケットを買った。

相当な悪路である。一歩間違えば谷底へ落ちていくような道も多い。山崩れによる通行止めで、何度も立ち往生した。その度にけっこう待たされ、乗客は外に出たり、思い思いに暇をつぶす。土砂崩れをどう直しているのか知らないが、30分くらいするとまた走れるようになる。途中の休憩所で特筆すべきはトイレだ。トイレの個室は仕切り壁の高さが１ｍくらいしかなく、それぞれがひとつの大き

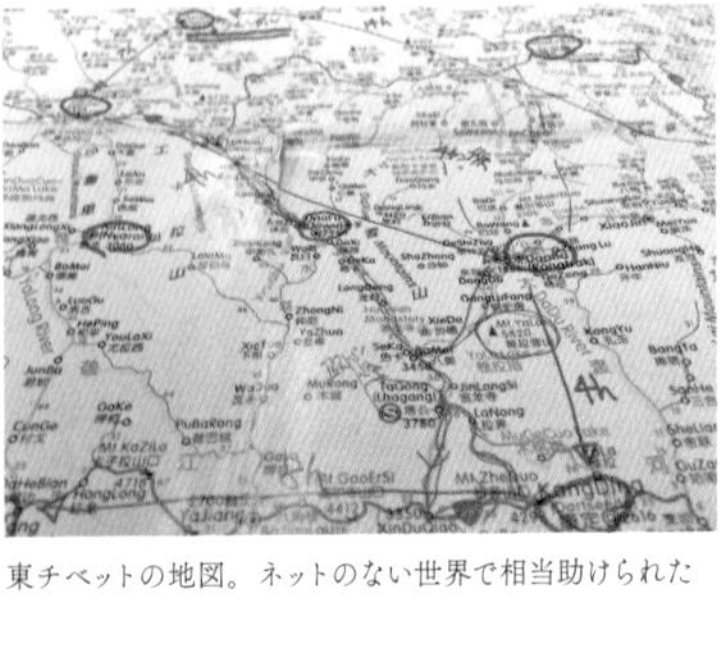

東チベットの地図。ネットのない世界で相当助けられた

な溝でつながっており、一定時間ごとに水がザバーっと流れる仕組みになっている。男たちの大なり小なりが一緒になって流れていくのである。互いの顔が見えるからか、これはニーハオ・トイレと呼ばれている。ニーハオと声をかけようもない険しい顔をした男たちがタバコを吸いながらずらっとしゃがんでいる光景は、なかなか忘れられない。

17時間かけてなんとか標高4000mほどの地点へ着いたのは、深夜であった。雨が降ったのか、ぬかるんだ道を重い荷物を引きずって歩く。同じバスに乗っていた日本語が話せるチェンさん、巡礼に来たチベット人家族たちと、味のしない麺を食べた。小さなバスに乗り換え宿へ向かう。高山病の症状は出ていないようだった。真っ暗な道のりの中、無数に浮かぶ窓の明かりが見える。ひとつひとつの家は小さいが、かなりの密度であるようだ。しかしこの町の全貌を知るには、翌日の朝まで待たなければならなかった。

「ラルンガル賓館」という宿は、町の丘の一番上に位置していた。大きな行事があるらしく、他所から来たチベット人がたくさん泊まっていた。僧侶たちは皆、赤い(あずき色に近い)袈裟をまとっている。予約せずに行った僕を待っていたのは「空き部屋なし」の一言だった。標高4200mで空き部屋がないことは、他のどんなことよりも人を不安にする。しかも深夜である。こんなところまで来てしまって、どこで眠ればいいのだろう。心なしか頭も痛くなってきた。

通行止めに遭いつつ山道を進む

ラルンガル・ゴンパ全景

受付で困っているとチェンさんが助け舟を出してくれ、一時的に屋上に増設された大量の2段ベッドの中のひとつをなんとか空けてもらえることになった。持つべきものはチェンさんであった。

朝5時頃、誰かのうなされる声で起こされた僕は、便所に行くために外へ出た。明るくなり始めた町に、お経が延々と響いていた。高山病による頭痛も始まって、どことなくぞっとするような光景であった。暗闇の中で想像していた町が、だんだんと姿を現し始める。ひどい頭痛のためもう一眠りし、朝8時頃に宿を出た。

眼下には、真っ赤な景色が広がっていた。

スリバチ状の土地に、小さな赤い家々が無数にへばりついている。中央にある大きな建物が僧院で、それを取り囲む赤い家はすべて修行僧の住む小屋らしい。

驚くべきことに、ここは１９８０年頃に、ある僧侶が僧院を開いたことから始まった宗教都市なのだ。つまり、人が住み始めてから40年ほどしか経過していないことになる。住人はすべて僧侶で、修行のためにここにやってきて、自分たちで建てた小さな家に暮らしている。まるでくぼみにできた水たまりのように、赤い集落が広がっている。

このスリバチの外側にはほとんど建物がなく、高地のなだらかな山が続いている。明らかにここだけが、人間によってつくられた特異な場所なのだ。

スリバチの底にあたる部分に、他所とつながる道が走っているのが見えた。昨

集落の終わりはスパッと切れている

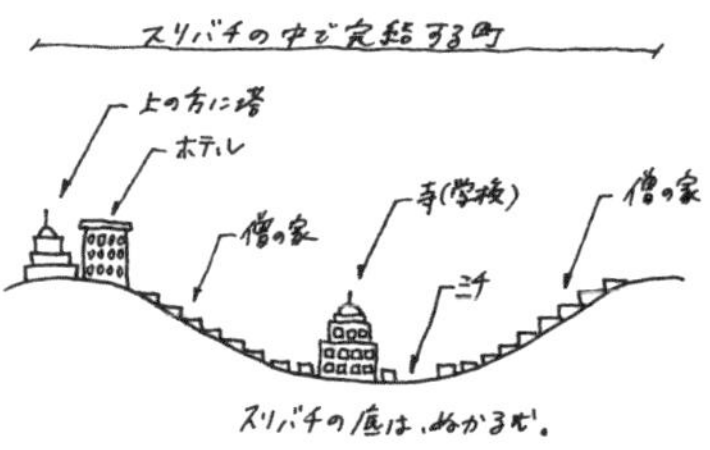

スリバチ状の町。ダイヤグラム

斜面から生えるような僧侶たちの家

夜僕が降りたのはこの底の部分、道沿いにあるバス停だったのだろう。なるほど、重い荷物を引きずって歩いたあの地面のぬかるみは、この町のスリバチ形状が関係していたのだ。

僧侶たちの小屋は斜面から生えるようにつくられ、壁も平屋根も赤く塗られている。この赤い色はこの宗派の色なのだそうだが、周囲の自然とは違った色をまとうことで、その存在感を増しているように思える。

スリバチのへりにあたる部分には寺院の塔が建っており、人々が集まっていた。そこでは多くの人が体を地面に投げ出す「五体投地」と呼ばれる方法で祈っていた。塔の周りには「マニ車」と呼ばれる、チベットの礼拝に欠かせない仏具が並んで設えられている。これを回すと、お経を1回読むことになるのだという。これらを回しながら、時計回りにぐるぐると歩くのがチベットの礼拝の基本である。時には人の背丈の何倍もある巨大なマニ車を見ることもできる。人々は列をなし、次々とこの大きな流れの中に吸い込まれてゆく。それに参加してみると、何か大きな全体性の中に加わっている感じがした。

こうして観察している間も、町には延々とお経が流れている。この、「町が鳴っている」という感覚は、外来者の僕には少しおそろしいものだった。

だが、とにかくその中心に行ってみることにしよう。

五体投地で祈る人々

人々が集まる塔

ラルンガル・ゴンパの中心に降りてみると、ちょうど講義や集会の終わった時間なのか、僧侶たちが次々と僧院に出入りしているところだった。同じ色の布をぐるぐるまとった人々が毎日決まった時間に中心に吸い込まれ、そして散っていく姿が、スリバチ地形と呼応したこの地の生活リズムとなっているようだ。

僧院の周りには食堂や商店が集まり、町の中心として機能している。仏典のようなものを売る店を覗いてみると、店員もまた僧侶だった。僧侶による僧侶のための町である。修行をしながら働いているのだろうか。とにかくこの町は隅から隅までチベット仏教に覆われている。町に流れるお経も、鳴り止むことがない。何かひどい扱いを受けたわけでもないのだけれど、僕はここにいるべき人間ではない、という感じがずっとしていた。しかし、時々気さくな僧侶に話しかけられたりもする。彼らの家々をもう少し観察してみようと思い、再びスリバチを登っていく。

僧侶たちの家を近くで見てみると、基本的に平屋か2階建てで、斜面に水平の床をつくるために、下部は石やレンガの壁が積まれている。その1階部分は居住空間ではなく、倉庫として使用されている様子である。

その石壁を土台として、その上に丸太小屋を載せている。これが僧侶たちの居住空間となる。近くに森が確認できないので、離れた土地から持ってきた木材でつくったのだろう。この丸太小屋は、標高の高い寒冷地で暖かく暮らすためには

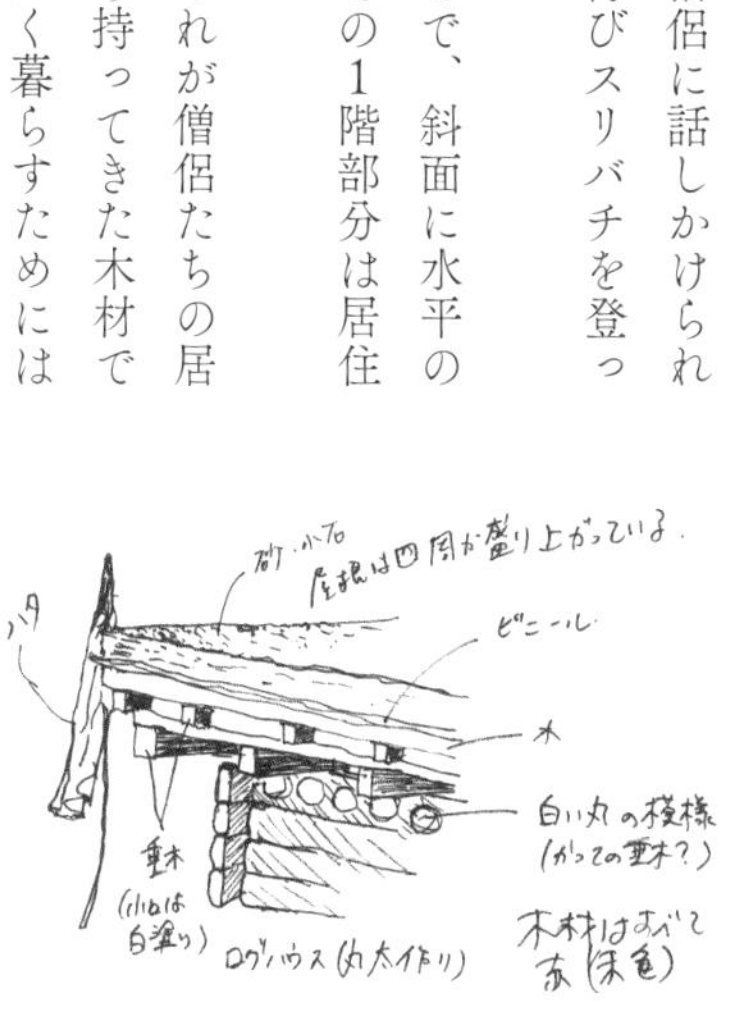

屋根周りのスケッチ

町の中心の僧院に集まる僧侶たち。建物も服も同じ色

石壁で水平をつくり、その上に丸太小屋が立つ

必須と見える。これらの家屋は、同じような形式を持ちながらもその色や素材には少しずつ差があり、手作業によるラフな表情を感じさせる。

一目で手づくりとわかる石壁と丸太小屋は等しく赤く塗られ、その中で窓だけは、アルミサッシをギラリと光らせ目立っている。どうやら窓というものは、簡単に手づくりできないものらしい。ほとんどすべての家が、工場からそのまま持ってきたような銀色の窓を備え、この小屋が新しい建物であることを物語っている。しかもそれらのアルミサッシは出荷時のシールが貼られたままのものがほとんどで、何か別世界から来た存在として、とても浮いた存在……まるでこの町にいる僕のような「部外者」に見える。このような僻地の宗教都市でさえ、今や工業製品がないと成立しないということなのかもしれない。

こうして観察しながら歩いていると、彼らの家は非常に閉鎖的に感じられた。あまり道に開かれていないのである。人々も、家も、ただスリバチの中心に意識が向いているからだろう。そこがこの場所に少しおそろしさを覚えるひとつの理由だったのかもしれない。そしてその感覚はこの町を離れるときに、象徴的な風景として現れた。家々の並びをスリバチの中心から見ると、すべての家がまるで集合写真のようにこちらを向いている。アルミサッシの窓はあたかも目のように、こちらをひたすら凝視している……。

塔の周りをぐるぐる回る人々のように、家々はこのスリバチにぐるりと配置さ

屋根は平屋根で、土やトタンを載せてできている

家のつくり。一層が石（レンガ）壁で、その上に丸太小屋が載る。窓はアルミサッシ

れ、中心を向いている。チベットの曼荼羅がしばしば強い中心性を持つことを考えると、かつてこの地を拓いた僧侶は意図的にこの地形を選び、集落としてそれを具現化したかったのではないかと思った。

日が暮れ始めた頃、ここを後にして、次の町へ移動した。乗り合いの小型バスには、10代後半から20代前半くらいの若い僧侶たちが大勢乗ってきた。彼らはずっと、小さなポータブル・マニ車を手元で回し続けている。隣の青年は「これを10万回やるんだ」と僕に教えてくれた。10万回。ぐるぐるぐると、僕がこの町で強く感じた「中心性」を、彼らは手の中にまでもって生きている。

前項：中心を向いて整列する家々

ポータブル・マニ車で手の中にも中心性をもつ

07

ズボンを履いた家

カンゼ・タウ

Garze & Rta'u

Garze & Rta'u

ラルンガル・ゴンパの隣町でチベット人家族の宿に1泊した後、次の目的地であるカンゼ（甘孜）という街へ移動する。バスターミナルみたいなものはないので、朝早く街の広場で乗合バンに声をかける。

航空写真で見るとワイシャツをしわくちゃにしたような複雑な地形の高原を、上がって下がって、バンは高原を飛ばしていく。乗客はほとんどチベット人で、中には僧侶も2人いた。窓からの景色が素晴らしいので、乗り物酔いをしている暇などない。緑色の景色。別名「カム地方」ともいわれるここカンゼ・チベット族自治州は雨が降るため、山には大きな針葉樹の姿も見える。ラルンガル・ゴンパで見た僧侶の家の木材は、こういうところから来ているのだろう。バンは気まぐれに休憩する。僧侶たちと写真を撮ったりして、静かで平和な時間を過ごした。

カンゼに着くと、適当に見つけた1泊20元（当時400円）の宿に荷物を置いて、一休みしてから外に出る。その日は4日ぶりに風呂に入り（チベットの宿は風呂なしが多いが、この街には温泉があった）、古いゴンパ（寺）でおそろしい仏像を見たりした（チベットの仏像は日本のそれよりずっと怖い顔をしている）。

カンゼ　チベット集落を見下ろす

同乗したチベット僧と筆者

カンゼの街は中心部に商店や食堂が集まり、すこし丘を上がったところにチベット人の家が密集している。翌日僕は早速民家を見に行こうと、丘の上の方に登ってみた。家は基本的に突き固めた土（版築という）と木（あずき色に塗られたものが多い）でできており、1階に土壁が、2階に木の構造が表れている。土でできた平たい屋根と、オレンジ色の新しそうな金属屋根が混在している。古い木の扉や窓があると同時に、ラルンガル・ゴンパでみたようなアルミサッシもある。集落をじっと観察しながら、家の変化というものは窓や屋根に最初に現れるものなのかもしれないな、と思う。

丘の上に建設中の家が見えたので近づいてみると、お母さんと娘が白いテントで昼飯を食べていた。家を建てている間、ここに住んでいるらしい。突然の訪問で言葉もほとんど通じない僕に、お母さんは昼飯を食べていけと言う。さっき食べたばかりだったけれど、ありがたくいただいた。名前はわからないが、透明な麺を炒めた料理だった。

「建設中の家」は2階建てで、18×15m程の大きな家だ。1階が倉庫で、生活空間は2階になるらしいが、これはこの辺りの民家のスタンダードのようだ。驚くのは、古代の寺院を彷彿とさせる太い柱の構造体だ。そしてそれを囲むように、分厚い土壁を建てている。これで断熱し、高地の厳しい冬を越すのだろう。それはまるで家が土壁のズボンを履いているように見えた。柱をつなぐ梁は基本的に

建設中の家の母と子

カンゼの民家　土と木でできた家

一方向にしかなく、その梁は両端で土壁に突き刺さっているから、「ズボン」は中の木造が倒れないための構造壁ともいえる。外から見るだけではわからない、複雑に一体化した構造だ。二階のテラスからは集落が見渡せる。見上げると屋根を支えるための部材も、寺院建築を思わせる形に彫られていた。寺院を真似て民家がこうなっているのか、こういう民家が先にあってそれが寺院の造形に影響を与えたのか、一体どっちなんだろう。

　カンゼを後にして、そこからさらにバンで数時間のタウ（道孚）という町に着く。「町に着いたらとりあえず宗教施設に行く」というのは、その場所の雰囲気を知るには有効な手段だ。タウでもとりあえずゴンパに入っていくと、60代くらいのラマ（僧侶）が嬉しそうに話しかけてきた。外国からの客人は珍しいのだろう、ラマは一部屋ずつ僕を案内し、原色でギラギラに描かれた壁画と一緒に並んだ僕の写真をたくさん撮ってくれた。壁画に書いてある紐を持つポーズをしろと指定してきて、なかなかこだわりの強いラマだ。そういうのを15分くらい続けたあとに、仏堂でお祈りをやってくれることになった。水と黒い粒々が入った聖水らしき液体がスプライトのラベルがついたままの大きなボトルに入っている。その水を手に出し、啜って、残りを頭にポンポンとやる仕草を見せられる。これを見本にやれということらしい。「これが呪いだったらどうしよう」という一抹の

建設中の家

建設中の家の二階から集落を見下ろす

木の架構と土壁の関係

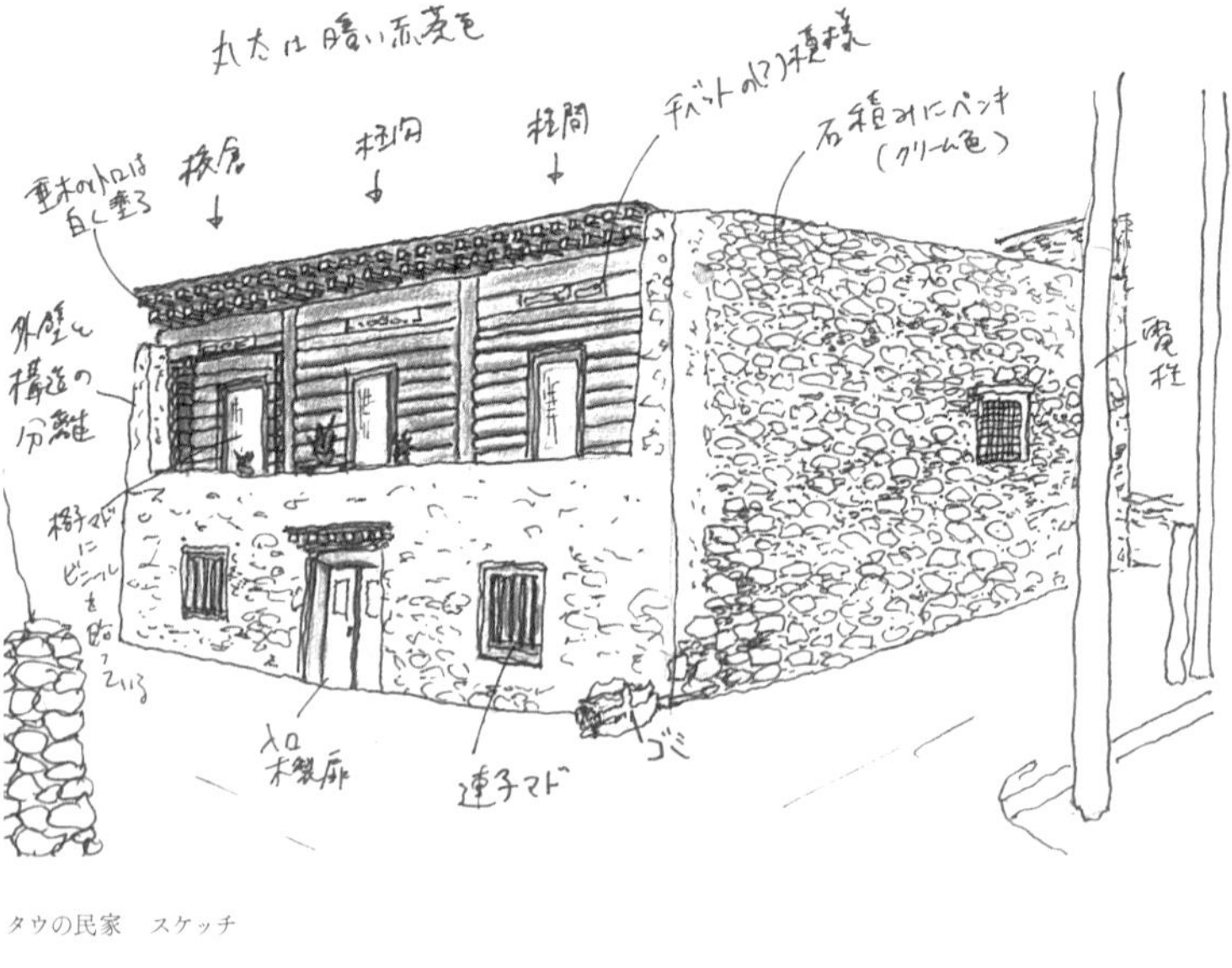
丸太は暗い赤茶色
チベットの(?)模様
柱間
柱間
校倉
垂木の小口は白く塗る
石積みにペンキ
(クリーム色)
外壁と構造の分離
電柱
格子マドにビニルを貼っている
入口
木製扉
連子マド
ゴミ

タウの民家　スケッチ

不安が頭をよぎったが、別に失うものもないのだし、ボトルに手を伸ばす。

「民族は?」

「日本です」

「よし。○×△日本※△○×…」

何やら呪文のようなものを唱えるラマ。次は仏に白い布を投げ、額を押し付けるよう指示される。「数珠持ってるか?」と言われたので「持ってません」と答えると、僕のメガネをとってそれを部屋に並んだ仏像ひとつひとつに押し当てている。何らかのパワーを入れ込んでいるらしい。

メガネの押し当てが完了すると、「お前のことをいつでもこの仏たちが見守っているからな」というようなことを言われた(気がする)。握手をして、帰り際には奥から引っ張り出してきた数珠まで僕にくれて、何だかひとつ修行を終えたような気分で外に出た。

あとから思い返せば、「民族は?」というラマの質問は、「名前は?」と聞いていたのだろう(どちらもミンズーという発音なのだ)。僕は図らずも日本全体のために祈ってもらったのかもしれない。

さてタウは、古くから木材の産地として知られた街である。ここでも民家を観察すると、カンゼにも増して太い柱の家が多く、外壁の「ズボン」はここでは特に石積みのものが多い。しかしこの街で見せてもらったいくつかの家の中を見る

タウの民家

と、事態はさらに複雑な状況になっているようだった。

家族11人で住んでいる大きな家を見せてもらった。ここでも基本的な構造は丸太の柱と梁を石積みの「ズボン」で囲い、例の如く2階にテラスを設けている。小さな男の子が興味津々で、家を観察する僕についてくる。20歳くらいの女の子がお茶を淹れてくれた。色んな世代が同居する大家族だ。驚いたのは、2階の生活スペースの特に大事な部屋、つまり寝室の内側に、さらに独立したログハウス状（校倉造ともいう）の木の壁がつくられていたことだ。その寝室の中は暗かったが、とても暖かそうに見えた。そうしてそこに、ゆりかごに入れられた赤ちゃんがスヤスヤ眠っているのを見た。

その「家の中に家がある」という感覚は、とても不思議なものだった。つまりこの家は外から石積み、丸太の柱と梁、そして校倉造の壁、という3重の入れ子構造になっているのである。それらがそれぞれ独立して成立しうる構造であることを考えると、この家は相当変わったつくりだと思う。

タウでその後訪問した他の3つの家も、ほぼ同じ方法でつくられていた。この街では木材が豊富だからなのか、この建て方が習慣化し、みんな平気でこういう不思議な家を建てているのだ。家のお父さんによれば、このあたりは地震が頻発する地域で、この作りの家は大地震にも耐える家なのだという。

この地域の人たちがこんなに複雑なやり方に辿り着くまでに、一体どのくらい

家の中に家がある感覚

11人の家　外観

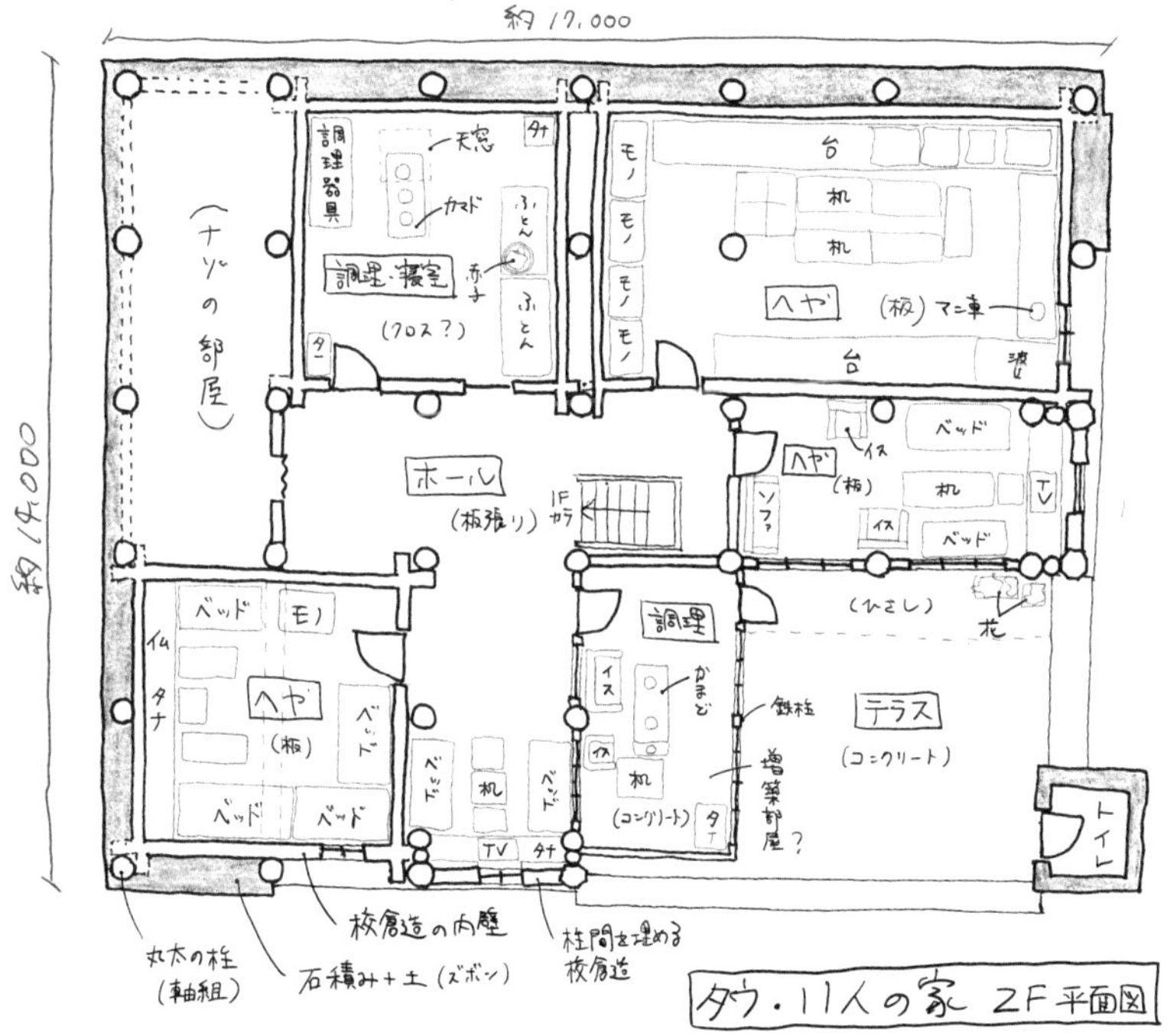

約17,000
約14,000
(ナゾの部屋)
調理器具
天窓
カマド
タナ
ふとん
赤子
ふとん
調理・寝室
(クロス？)
モノ
モノ
モノ
モノ
台
机
机
ヘヤ
(板) マニ車
台
ホール
(板張り)
1F から
ヘヤ
(板)
ベッド
イス
ソファ
机
TV
イス
ベッド
(ひさし)
花
調理
イス
かまど
机
(コンクリート)
タナ
鉄柱
テラス
(コンクリート)
増築部屋？
トイレ
ベッド
モノ
ヘヤ
(板)
ベッド
ベッド
ベッド
ベッド
机
ベッド
TV
タナ
校倉造の内壁
丸太の柱
(軸組)
石積み＋土 (ズボン)
柱間を埋める
校倉造
タウ・11人の家 2F平面図

11 人の家　平面図

の時間がかかったのだろう。穴ぐらで眠ることから始まったであろう人間の寝床が、ここまで複雑化して定着しているのを見て、僕はここで、人間の家というものの底の深さを改めて思い知った。

タウの街でも偶然、建設中の家に出くわすことができた。まだ「ズボン」を履いていない、裸の姿だ。最低限の加工しかされていない柱には樹木の元々の形が残っており、じっと見ているとそれらが生えていた森が見えてくるようだった。2階まで貫通した柱たちは互いに貫（柱をつなぐ横材）で緊結され、石の上に置かれているだけである。

よく見ると、その建設には多くの女性が参加している。村の女性たちが男たちに混ざり、背負った袋の中に石やセメントを入れ、2階へ昇り降りしているのが見える。皆で住むための家を、皆で作る。この山の上では、家を建てることが生活の一部なのだ。この圧倒的たくましさに、家を立ち上げるということの根源を見た気がした。

それにしてもチベットの民家は個性的だ。それはこうした家の構造の他にも、色使いや細部装飾に関してもいえる。カンゼで訪れたラマ（僧侶）の家では派手な色で縁取られた窓のような装飾が外壁を覆っていたし、木製の窓枠は、シンプルに作ることが許されていないとでもいうかのように労力が注ぎこまれている。

テラスに面する部屋。派手な装飾がされている

校倉造の壁で守られた寝室

建設中の家

カンゼのラマの家

左：垂木を強調するのがチベットスタイル

そして屋根を支える材である「垂木《たるき》」は、ここでは壁から屋根を迫り出すために2重3重に重ねられる。さらに門や窓の庇にまで、時に小口（切断面）が白く塗られた垂木がポッポッと浮かぶ。実はこの垂木は、半分装飾化している。その証拠に、街に新しく建てられるコンクリートの建物にも律儀にこの垂木が再現されているのだ。すでに機能的には必要ないが、彼らにとっては必要な何かなのだろう。

集落や民家というものは、その場所の環境や材料から説明できる合理性や機能美といった「先人の知恵」という観点から評価されることが多い。「ズボンを履いた家」はそういう知恵の結晶だと思う。またその一方で、そういった視点だけでは語れないこともある。コンクリートの建物にまで残ってしまう垂木のように、一見明確な機能をもたないものが、当たり前のように存在している。僕はそういうことの中にも、その場所の豊かさはあると思う。それはあの建設現場で見たような風景の中で、皆で長く時間をかけて築き上げてきたものであり、むしろそのものの大事さは、「皆でずっとつくってきた」というそのことから生まれているのかもしれない。民家の装飾、寺での儀式、生活の中の家づくり。名もなき人々が物事を積み重ねていくそのさまを、僕は標高3000mの高地でほんの少しだけ目の当たりにした。

垂木をコンクリートで再現する建物

村の女たちが家を建てる

08

洪水と床

シェムリアップ

Siem Reap

Siem Reap

カンボジアのシェムリアップは、アンコールワットをはじめとした遺跡群を見学する観光客の拠点として賑わう町である。僕もここで1週間くらいかけて遺跡をじっくり見て、しっかり感銘を受けた。無数の岩石が積まれてできた建築物は、重力の存在を強く感じる建築だった。いきなり世界が無重力になって、すべてがバラバラに散ってゆく想像をした。似たような名前の遺跡をいくつもいくつも巡りながら、「積む」石造は、「組む」木造とは根本的に違うんだということを考えていた。

過去の遺跡をたくさん見て、今度は現在の人々がどんな家に住んでいるのか気になった。地図で確認したところによると、シェムリアップ川沿いを1時間ほど下っていくと、トンレサップ湖という湖に着くらしい。そのあたりに農業や漁業をして暮らす人々が住んでいるようだ。宿で自転車を借りて、川沿いを走らせることにした。

トンレサップ湖はカンボジアだけでなく、東南アジアで最も大きい湖である。雨季にはその深さは9倍、面積は6倍に変わるという、「動く」湖である。もしこのあたりに伝わる神話があるとすれば、伸びたり縮んだりする怪物として描かれているにちがいない。この水量の変化が豊かな農漁業を成り立たせているのであるが、周辺の村は雨季には水浸しになるため、人々は地面から床を上げた高床住居に住んでいる。

川沿いに自転車を走らせていくと、だんだんと高床住居が目につくようになってきた。地上から1、2mくらい床を上げている。中にはコンクリートを使う大きな家も見られたが、多くの家は木造で、屋根にトタンを載せた簡単なものである。湖に近づくにつれ、高床は徐々に高くなっていく。これら高床住居の高さを地図に写し取ることで、「浸水想定マップ」が作れそうだ。高床は水没の記録である。しばらくすると、フナム・クロムという遺跡のある丘が右手に見えた。古くから人が暮らしてきた場所なのかもしれない。その先にある集落に自転車を停めて、歩いてみる。

集落の中央には道が真っ直ぐ伸びており、その両脇の数mほど低くなっている土地に、冗談みたいに高い高床住居がずらりと並んでいる。住居には、木材で架けられた簡易な橋を渡って入っていくようになっている。建物の柱はか細く地面に突き刺さり、いくつかの斜材で簡単に補強されている。低い方の土地が本来の地面の高さで、道の部分を高く盛り上げ、水没を想定して計画的につくった集落であるように見える。

高床住居が並ぶ集落

湖に近づくにつれ高床住居が現れる

しかしやけに子どもの数が多い。床下は、子どもたちの格好の遊び場になっている。

高床部分がどのくらいの高さなのか気になり、道の脇から地面へと急な坂を下りていった。下から見上げると、なんと4mくらいある。増水時の風景が想像できない高さである。

高床に囲まれると、妙な安心感があった。4mもあると、その下の空間はもはや単なる「床の下」ではない。ペットボトルやビニールが投げ捨てられてはいるが、短い草が生え、牛がのそのそと歩くこの床下の空間に、人々はハンモックを吊るし、時には葉っぱを編んで壁を立て、さらに床をつくりそこで食事をとったりもする。ここは乾季の間にだけ立ち上がる部屋になっているのだ。ここに土地所有の概念があるのか知らないが、この高さによって各戸の床下と床下は連続して、みんなの土地のようになっている感じもする。とても曖昧な場所だ。

家は、非常に安価な材料によってつくられる。細い木材で軸組をつくり、屋根も壁も薄いトタンで、簡単に打ち付けられているだけ。窓に注目してみると、ほとんどの家が引き戸でも開き戸でもなく、開口部でトタンを跳ね上げ、つかえ棒で支えている。窓庇のみといった感じであるが、上部でこの板を支えさえすれば、簡単に雨を防いで通風を確保できる、非常に合理的な窓である。

あたりの家は瞼のようなこの窓をパタパタと跳ね上げている。ここに激しいス

床下4mほどの高床住居に囲まれる

ピロティの下に大勢の子どもたち

床下空間に集う人々

歩く牛

コールがきて、皆一斉にパタンと「目を閉じる」情景を想像すると、家のひとつひとつが今にも喋り出しそうな生き物に見えた。

床下の若者たちに声をかけてみた。20歳前後の男女数人が、3歳くらいの女の子を囲んで遊んでいる。彼らは高床の上、住居部分まで見せてくれた。築3年の家だ。中はワンルームで、中国風の神様がいる小さな神棚があり、簡易的な仕切りがあるだけである。いくつかの寝具以外に家財と呼べるものはほとんどないようだった。僕は中国の各地で見てきた重厚な家のことを思う。重い扉、分厚い石壁、大きなかまど。丁寧に縁取られた天窓、分厚い絨毯、溢れる仏具。それらに比べると、この家は貧しいと言うしかなかった。しかし「何も持たない」生活の物理的な「軽さ」が、この4mの高床構造を成り立たせているのかもしれないとも思った。

好意的な彼らは別れ際、僕にこう言った。

「この子のためにも1ドル置いていってくれ」

僕は笑って1ドル差し出した。そのときのことは、なんだか忘れられない。

さて、まだ湖は見えない。行けるところまで自転車で進んでみよう。

砂にタイヤをめり込ませながらフラフラと進んでいた自転車は、湖にたどり着く前に、ついに進まなくなった。その川辺の砂地に、雑然と建物が並ぶ集落が広

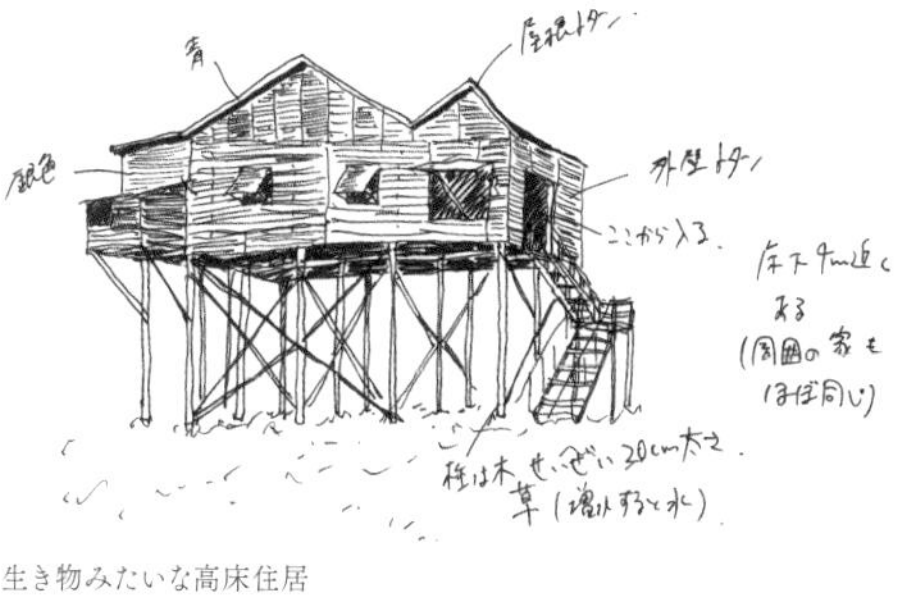

生き物みたいな高床住居

瞼のような窓

がっていた。訪れたのは8月半ばであったが、トンレサップ湖はまだここまでは拡張していないようだった。道沿いには仮設的なテントが多く、商店もあり、人々で賑わっている。

でも、どこにも高床がない。

湖に近づくにつれてだんだん高くなる住居を追いかけてきたのに、ここにきて様子が一変した。湖には近づいているはずなのに、何が起きたのだろう。

よく見てみるとこのあたりの家は、舟の上に壁を立て、屋根を載せ、なんと水の上にゆらゆら浮かんでいるのだった。舟形住居である。湖に向けて指数関数的に高さを増していった高床は、このあたりで限界を迎えたようだ。金属の強度実験で、限界に達した強度が急に下降するグラフみたいなものが頭に浮かぶ。その点を「降伏点」というが、トンレサップ湖ではここが「高床降伏点」になっている。人々は水を避けることを諦め、水に浮かび始めたのである。

古そうな舟型住居の屋根や壁は葉っぱでできていて、陸地に打ち付けた杭にロープをつないで固定されている。小舟が横付けされているため、移動はそちらでおこなうのだろう。

家の前面、舟のデッキにあたる部分には、先ほどの高床住居のように跳ね上げ窓がある。しかしここでは窓というよりは壁全体が跳ね上がり、その一角は気持ち良さそうな吹きさらしの半外部空間になっていた。どことなく平安時代の寝殿

舟型の家

川べりの砂地に広がる集落

舟型住居前面の吹きさらし空間

造を彷彿とさせるのは、この窓が蔀戸《しとみ》の開放感に似ているからだろうか。そもそも蔀戸は引き戸のない時代の簡単な窓として同じように発生した、多雨地帯の窓の原型なのかもしれない。そのプリミティブな姿が、ここトンレサップ湖には現役で残っている……そんな想像も楽しい。

舟型でない一見普通の平屋の家々も、よく足元を見ると、ドラム缶や木材を束ねた「浮き」によって浮かぶ水上住居であった。そのため集落には家の「基礎」であるドラム缶を大量にストックしている場所も見られた。

自転車を引きずりながら歩いていると、30歳くらいの兄ちゃんに声をかけられ、ある水上住居を訪問することができた。小舟を伝って、家にお邪魔する。

束ねた細い木材によって浮かぶこの家は、5年前に建てられ、現在家族5人で住んでいるという。ここも細い木の軸組にトタンを打ち付けた非常に簡素なつくりである。家の入り口付近は、例のごとく壁全体が蔀戸状に跳ね上がることで明かりを取り入れている。しかもここではキラリと水面から反射した光が、蔀戸の裏を照らしている。こうしてできた風通しのよい、一番明るい空間が、家族団欒の場所になっているようだ。

案内してくれた兄ちゃんによれば、この水上住居でも、ひどいときは床上浸水することがあるという。そのため衣服や生活道具の多くは、梁や柱に引っ掛けたり、吊り下げられて保管されている。テレビ台やスピーカーなど重いものはさす

訪問した家。右側が入り口

入り口付近。蔀戸の明るい空間に人が集まる

がに床に置かれているが（水が来たら諦めるのだろうか？）、あまり床に物を置くことがない。高床の限界から水に浮かぶことを選んだ人々は、今度は生活道具をいかに水から守るかを考えなければならないのだ。水は、どこまでも追ってくる。

少年が、目の前でハンモックに揺られていた。誰が考え出したか知らないが、水面に揺れる家の中で眠るためにはこれ以上ない方法だと、あらためて思う。

遺跡を見ながら重力について考えていた僕は、奇《く》しくもトンレサップ湖で同じような問題、重力や水、そして床について思いを巡らせていた。なんだかこの国は、人間がそこから逃れられない大きな存在について考えさせる国だ。

そんなことを考えながら、宿のある街に向かってふたたびペダルを漕いだ。

窓際でハンモックに揺られる少年。小屋組部分には家財道具がたっぷり

09

張り出しの村

キナウル地方

Kinnaur

Kinnaur

インド北部のヒマーチャル・プラデシュ州には、キナウル族という人々が住む地域がある。ヒマラヤ山脈の西北に位置し、東には中国チベット自治区がある高山地域である。キナウル地方に興味を持ったきっかけは、旅行前に『インド建築案内』(神谷武夫著)という本をめくっていて、「ビーマカーリー寺院」というヒンドゥー寺院の写真に目を奪われたからである。

この寺院のあるサラハン(Sarahan)という村は、ニューデリーからだと1日では来られない場所にある。何時間もバスに乗って、また乗り継いでいく。東チベットに行ったときのような、眼下に崖が広がる危険な道路を進んでいかなければならない。この危険な道は、ヒマラヤ周辺では避けて通れない。

その日、村に着いたのは夜になってからだった。バス停留所付近には、コンクリート造の商店や宿が広がる。宿は着いてから適当に選んだ、パステルピンクに塗られた家族経営の宿である。このあたりはドミトリーのようなものはないらしく、ダブルベッドの個室が基本である。それでも1泊1000円以下で泊まれてしまう。

「ビーマカーリー寺院」は圧巻だった。予想より巨大で、見たことのない雰囲気をまとった塔が、標高2000mほどの静寂の村にすっくと立っていた。現在

夕暮れ時のビーマカーリー寺院遠景

の村の規模からは考えられない要塞のような寺院は、19世紀にこの地で栄えた「バシャール王国」の王宮だったという。まるでこの寺院を維持するためにこの村が存在している、そんな雰囲気があった。

メインのお堂（塔）は2つあり、つくられた時期が違うらしく、背の低い方に銀でつくったカーリー神が祀られていた。ギラギラと不気味な神像である。特徴的なのはお堂の構造で、ヒマラヤ杉と石を交互に積み重ね、ストライプ状の壁をつくっている。今まで見てきたどんな建築とも違った構造だ。わけがわからなくて見とれてしまう。

よく見ると外壁の四隅や中間部では、積まれた木の小口が2つ並んで見える。木を二重に組んだ井桁の隙間に、石を積んでできているようだ。地震多発地帯でもあるこの地方ならではの知恵だろうか。さらに上部ではその壁からそのまま飛び出た梁によって、テラス状の空間が四方に張り出している。その張り出した部分は板で囲われ、塔の構造に比べ軽くつくられている。屋根はお堂の周りの諸室も含め、すべて美しい反りをもったスレート葺きであった。

ビーマカーリー寺院の周りには、古い民家もぽつぽつ残っている。スケールは違えど、ほとんど寺院と同じつくりをしている。建築にも「血筋」みたいなものがあるんだなと思う。木と石を交互に積んだ「コア」の部分があり、2階で吹き

ビーマカーリー寺院のお堂を見上げる

放しのテラスを張り出す。主な居住スペースは2階で、1階は物置に使われているようだった。

小さな家を訪問した。そこには若い女性2人と、かわいらしい3歳くらいの少女がいた。道から話しかけたら、快く家に入れてくれた。インドはけっこう英語が通じるので、こちらの意図も伝わりやすい。張り出したテラスに登ると、手すりも柵もないその空間は、なんとも開放的で気持ちがいい。少女は僕についてきて、ボールペンをぶんどってノートにお絵描きをしている。走り回る少女が落ちないか心配しながらも周囲に広がる農地を見ていると、平和だなと思う。

そんな明るいテラスと対照的に、ワンルームの「コア」には小さな木製扉以外に窓もなく、穴ぐらのようだった。木と石を積んだ壁には窓がつくりにくいのだ。それに山の中の寒い地域だし、窓をつくると色々面倒なのかもしれない。内部は2つに仕切られ、一方にはキッチン、もう一方には3つのベッドがぎゅうと並べられている。彼女たちはここで小さなブラウン管テレビを見ていた。2人のばあさんが暇をつぶしにやってくる。男たちは街に仕事に出ているのか、日中は女性ばかりが村に残っているようだ。

この村では3つの民家を訪問させてもらったけれど、そのどれもがほとんど窓のない穴ぐらのような「コア」と、それを取り囲む張り出しテラスでできていた。ビーマカーリー寺院のお堂を囲む諸室も、例に漏れず同じ工法を採用している。

「コア」の中

「お絵かき少女の家」。民家も寺院と同じつくりをしている

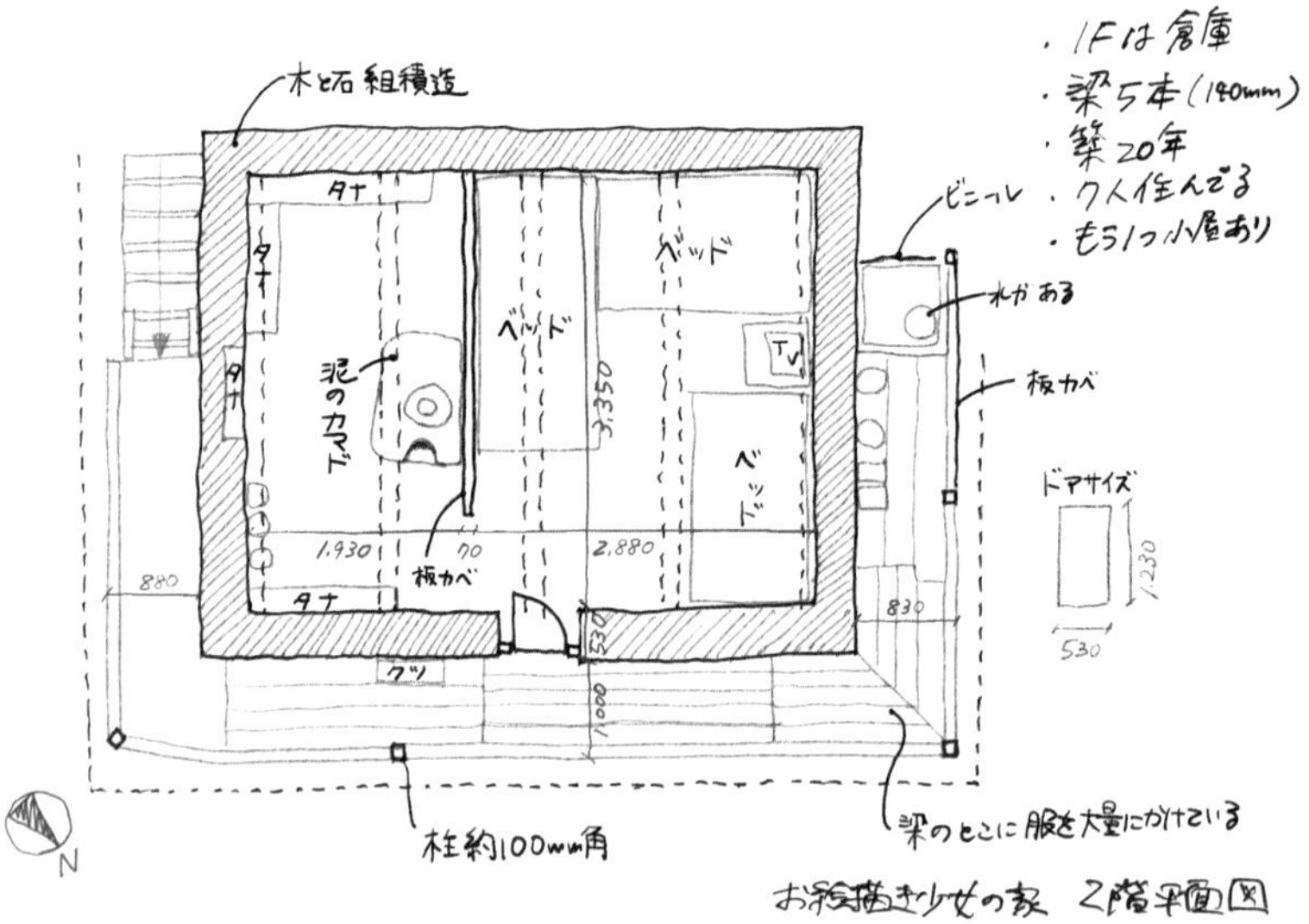
・1Fは倉庫
・梁5本(140mm)
・築20年
・7人住んでる
・もう1つ小屋あり
木と石 組積造
タナ
タナ
タナ
タナ
泥のカマド
ベッド
ベッド
ベッド
3,350
1,930
70
2,880
板カベ
ビニール
水がある
TV
板カベ
ドアサイズ
1,230
530
880
830
530
クツ
1,000
柱約100mm角
梁のところに服を大量にかけている
N
お絵描き少女の家 2階平面図

「お絵かき少女の家」平面図

その壁に開いた窓は、窓というより「穴」である。木枠をどうにか組積造《そせきぞう》の壁に押し込んで、そこに10数cmくらいの穴が開いている。こんな窓なら作らなくてもいいような気がするほどだ。

しかしすぐ隣の張り出し部分は木枠のガラスで囲まれ、日本建築のような、あるいは近代建築のような、軽々とした連続窓がつくられている。

構造部分で窓をほとんどつくることができないだけに、この張り出しの連続窓は際立って自由に見える。さらにその自由を謳歌するかのごとく窓枠は彫刻され、装飾で溢れている。

村をウロウロしていた僕に、建築関係の仕事をしているというロンドンからの旅行者が話しかけてきた。彼によれば、ここからさらに奥に行ったチベット国境近くの村には、古い建物がもっと残っているらしい。僕は本にも載っていないその村の名前を、ノートにメモした。

サラハンの人たちはけっこうフレンドリーだった。日本からの単独の旅行者を面白がって色々と見せてくれる人が何人かいた。30代くらいのひょうきんな兄ちゃんは、僕の顔を見て「キナウル人に似てる」と言った。たしかに彼らはインド系でもなければ中国系でもない、日本人と少しだけ通じる顔立ちをしている。この場所が僕の遠い故郷であると考えてみると、周りの風景が懐かしく思えなくもない。

この街では気に入った食堂もできた。やけに暗い店で、野菜を使ったカレーや

寺院のお堂を囲む諸室の壁。小さな穴が窓らしい

構造部分の小さな窓と、張り出し部分の大きな連続窓

らカレー風炒めやらカレー風煮込みやらがプレートに盛られた定食が70円くらいで食べられた。若い女店主は店先でいつも編み物をしていた。なぜだかわからないけれど、彼女の作った芋のカレーを食べると少し涙が出た。ごはんを食べて涙が出たのは初めてだった。なんだか、人が人にごはんを作る、そんな当たり前のことがものすごく尊いことに思えた。あるいは、ただ遠くまで来すぎただけかもしれない。

次の日の朝、僕はさらに奥地へ向かうバスに乗った。キナウル地方の旅は、予想より長くなりそうだった。

キナウル地方では、標高2〜3000mの谷沿いにいくつかの集落が立地している。かつて秘境と呼ばれたであろう山の上のこんな場所でも、バスは毎日運行していた。このバスの揺れさえ我慢できれば、案外すんなりと移動できてしまう時代である。しかしその揺れがすさまじい。サラハンから乗ったバスの道中は本当にひどかった。車内はやけに混んでるし、道は工事現場のような土埃、バスはずっと巨人に揺さぶられているような感じで進んでいく。おまけにドライバーは大音量でインドのポップ・ミュージックを垂れ流し続ける。汚い話だけど、僕はほとんど吐く寸前だった。この土地の人はよくこんな悪路で平気でいられるなと思う。その次の瞬間、前の席の女の人が窓から顔を出して思いきり吐いていた。

食堂の女主人

彼女たちもさすがに平気ではなかったらしい。何事もなかったように座り直す彼女の後ろで、僕は巨人が去るのを待ち続けた。

しばらくして、あの『インド建築案内』をサラハンの宿に忘れて来てしまったことに気づいた。大事な本だったけれど、もう一度このバスに乗るくらいならと、諦める。もしかするとあの宿の息子や娘が本を見て、インド建築を巡る旅に出るかもしれないし、案外悪くない忘れ物だったのだと思うことにした。

サラハンの隣を流れるサトレジ川から分岐するバスパ川沿いの道を進み、サングラ（Sangla）にたどり着いたのは夕方頃であった。比較的大きな街のようで、バスの通ってきたメインロード沿いには4、5階建てのカラフルなコンクリートの建物が並んでいた。宿のあんちゃんによると、このコンクリートの建物はほとんど商業用で、人々は今も石と木を交互に積んだ伝統工法の暖かい家を持っているのだそうだ。

「冬場のメインロードには犬しかいないよ」

そう話す彼もまた、雪で閉ざされる冬には故郷の村に帰る一人だ。コンクリートの建物たちが空っぽで冬を越している間、人々は働かず、毎日食って・飲んで・踊って暮らしているらしい。僕らはどうしてそういう暮らしができないんだろうと思う。「日本人は冬も変わらず働き続けるよ」と彼に言うと、「だから日本は豊かなんだよ」と笑っていた。

川に近い集落で、古そうな廃屋を発見した。石とヒマラヤ杉を交互に積んだコアがあり、2階が張り出しているのはサラハンで見たものと共通である。しばらく人が住んでいないようでところどころ壊れているが、骨太で、張り出し部分を支えている柱はサラハンでは見られなかったものである。

誰もいないようだし、少しお邪魔して実測してみることにした。2階テラス部分はアーチと装飾のある窓や板壁によって囲われており、コアとの間が細長い室内空間と化している。幅1mほどと少し狭いが、こういう緩衝空間は採光や生活の上でも便利だろうと想像する。外から入ってくる強い光が、どっぷりと重量感のあるコアの土壁を照らす。壁に塗りたくられた土は、冬の寒さを物語る。さらにコアには体を縮めないと入れない最小限の窓、というか入り口が開いていて、そこから真っ暗な部屋に入る。

ここから集落の景色を見てみるとなんだか懐かしく、落ち着く気がした。平面スケッチを描いてみると、コアとその周りを囲む木造部分とのきれいな対比が見て取れる。2つの村を見てあらためて、キナウルの建築は宗教施設も家もほぼ同じ構成でできていることがわかった。

ここからさらにバスに乗って、インドと中国の国境に一番近いチットクル(Chitkul)という村に着いた。キナウル地方最奥の村で、山を越えればそこにはチベットがある。新しく葺いた金属板の屋根が、谷間の斜面に密集して並んでいる。

張り出し部分の空間。2つの窓が入れ子になっている

サングラの廃屋

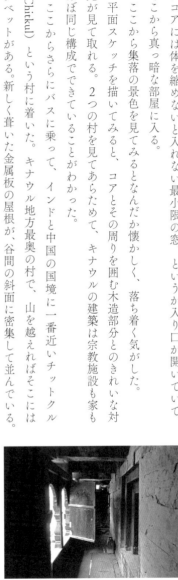

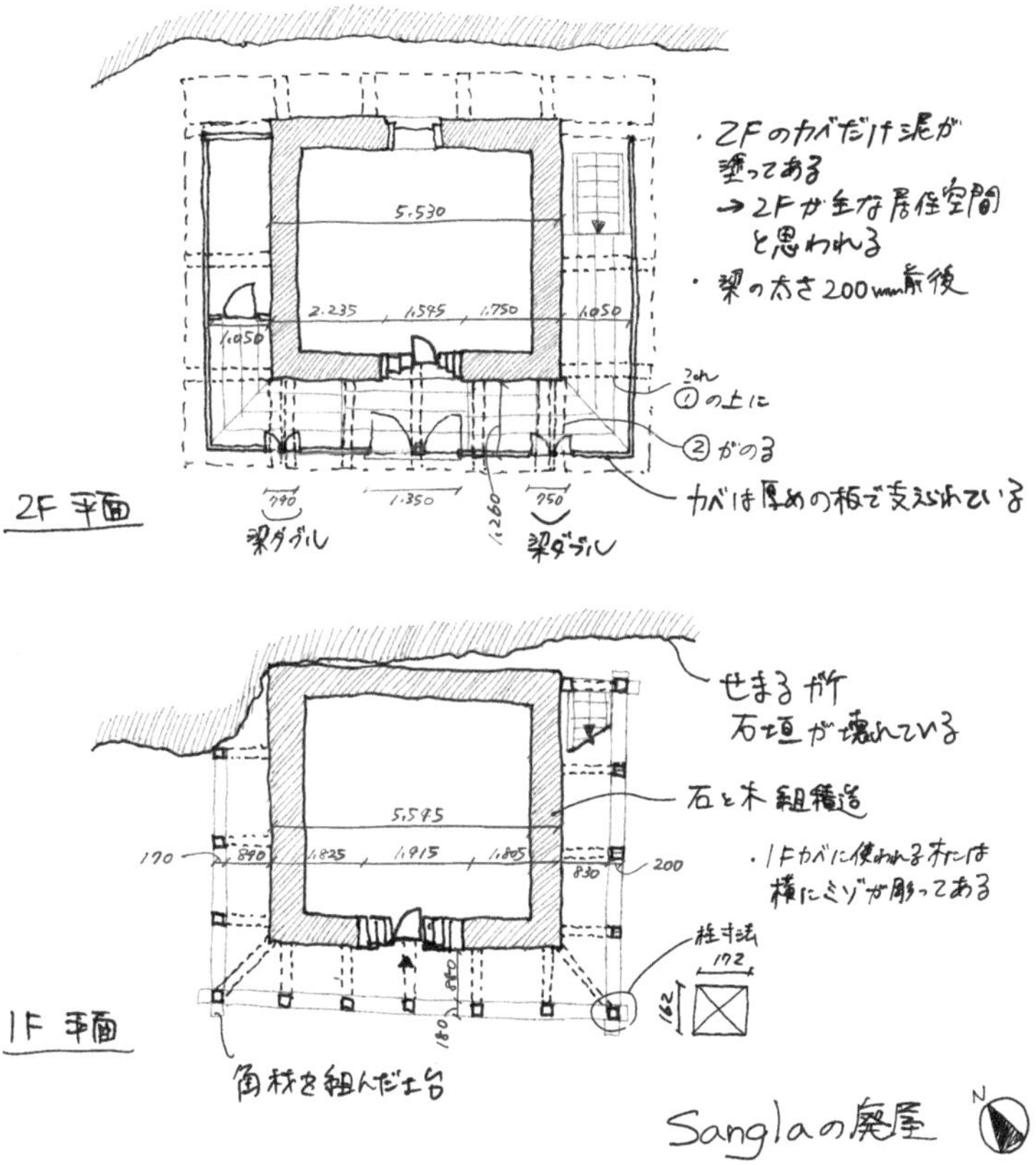
2F 平面
・2Fのカベだけ泥が塗ってある
→2Fが主な居住空間と思われる
・梁の太さ200mm前後
5.530
2.235
1.595
1.750
1.050
①の上に
②がのる
カベは厚めの板で支えられている
790
1.350
1.260
750
梁ダブル
梁ダブル
1F 平面
せまるガケ
石垣が壊れている
石と木 組積造
・1Fカベに使われる木材は横にミゾが彫ってある
5.545
170
840
1.825
1.915
1.805
830
200
柱寸法
172
162
180
角材を組んだ土台
Sanglaの廃屋
N

サングラの廃屋 平面スケッチ

チットクルの集落

まずは宿の確保だ。何軒かの宿があったけれど、どこも大差なさそうなので、1泊500円の宿（ダブルベッドの個室、最初の3分くらいだけ温水のシャワー付き）に決めて、荷物を下ろす。

この先に村もないから、通過交通で稼ぐ人はいないのだろう、村にはコンクリートの建物は少なく、主な生業は農業のようだ。観光客らしき人はあまりいない。そこかしこに子どもたちやらロバやらヤクやらが自由に歩き回っていて、村の主役は彼らだという感じがする。僕はなぜか子どもたちに囲まれ、黒い子ヤギを抱えさせられたりした。無邪気を絵に描いたような彼らの声が、村中に響き渡っている。

この村の建物は前の2つの村と同じつくりのものがほとんどだが、木と石の積み方が交互になっていないものがあったり、土壁の塗り方も野生的だったりと、あまり洗練されていない分、より古い印象を受ける。さらに集落を上がっていくと、岩山の麓には倉がいくつもあった。こちらは石を使わず、木の井桁と板壁だけでできている。内部は二段になっているらしく、村のじいさんが上の段にハシゴで登って、何やら穀物の入った袋をしまい込んでいた。その高床の倉が横に並んでいる様子は、奈良の正倉院のことを思い出させた。校倉造の正倉院のオリジンはこのあたりにあったのかもしれない、と想像を膨らます。

伝統的なキナウル人たちは羊の毛を編んだズボンを履き、緑のフェルト帽をか

じいさんと倉

子どもと遊ぶ筆者（手には黒い子ヤギ）。村の少年撮影

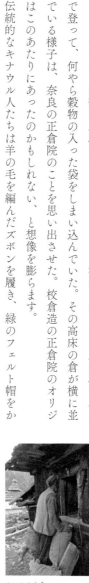

ぶっている。ここではとくにそういう格好をした村人が多い。
その伝統ズボンを実家で作っているという青年と出会った。朝夕2回水道が使えること、家族ごとに食料倉庫を持つこと（さっき見た倉だ）、家畜は家の1階で飼っていることなど、村の生活の色々を教えてくれた。標高3500mでズボンをオーダーするのも悪くないなと思い、そのついでに彼の家を見せてもらうことにした。

次の日、一晩で縫い上がったズボンを受け取りに、小さな村を歩いて再び家を訪ねた。お母さんは羊毛から生地を織り、それをお父さんがズボンに仕立てるらしい。なんだか『桃太郎』のおじいさん・おばあさんみたいだ。青年は、田舎から離れて大きな街に拠点を持ち、村で仕立てたズボンを売っているという。たしかに街でも十分売れそうな、10年ぐらいは余裕で履けるズボンだった（この後、これを履いてずっと北インドを旅行していたのだが、みんなすごく嬉しそうに話しかけてきてくれた。僕はどんどんキナウル人に近づいているような気がした）。

「ズボンの家」は、パステルグリーンで塗られていた。理由はわからないが、標高3500mの村ではパステルカラーが流行っているらしい。建物はけっこう大きく、同じ窓が横に並んだ単純な家に見える。しかしよく見ると、例のごとく2階が張り出している。その張り出したテラス部分は内部化されており、外階段

いかにも古そうな家々の間を歩くキナウル人

「ズボンの家」外観

「ズボンの家」内部化した張り出し部分

からここにつながる玄関扉が設えられていた。入ってみると幅1・6mほどの余裕ある廊下空間である。一方にはキナウル式に石と木を積んだ重厚な壁、そしてまた一方には軽快な木製の窓が並んでいる。生活用品が置かれている他にコンロや食器棚も設置してあり、キッチンも兼ねている。

さらにこの張り出しは妻面（家の短手《みじかて》部分）まで回り込み、部屋となっている。美しい朝の光が差し込むこの部屋で、職人はズボンをつくる。午前中の仕事が捗りそうだ。

ズボンを受け取ると、家の実測をさせてもらった。2階には厚い壁に区切られた部屋が2つあり、それぞれ居室と寝室になっていた。1階は倉庫と、家畜部屋と思われる部屋、張り出しの下には歴史の教科書で見たような「はた織り機」が置かれていた。齢65といったところのお父さんと僕の、ほとんど成立しない会話の中で聞き出した築年数は40年ということであった。

キナウル地方の家々の2階が張り出している理由をあらためて考えてみると、人が2階に住んでいることが大きな要因となっているようだ。仕事ができないほど冷え込む冬のために、窓の少ない木と石を交互に積んだ壁でがっしりと囲んだ2階の部屋へのアクセスには、張り出し空間が必須なのである。そこは吹き放しのこともあるし、軽い建具で囲われて部屋のように使われることもある。すでに

「ズボンの家」張り出し部分の仕事場

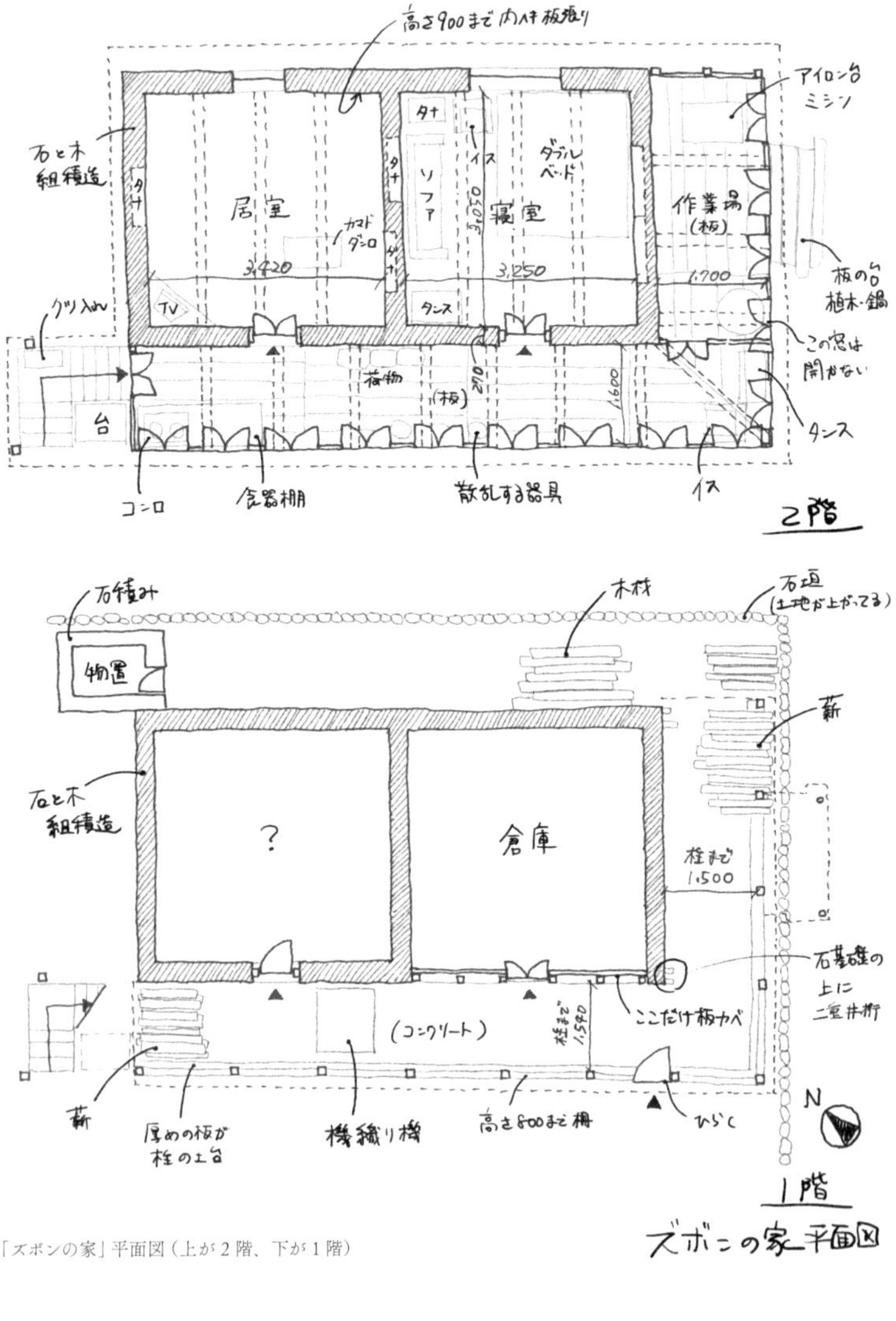

「ズボンの家」平面図（上が2階、下が1階）

厚い壁で囲った洞窟のような部屋が堅固な構造でつくられており、身を守るという家の本来の機能もみたしているため、この張り出し空間は制約が少なく、装飾もここに集中した。サラハンで見た寺院の装飾はそういったものの極に位置すると考えられそうだ。

村で唯一のレストランの主人に、興味深い話を聞いた。トゥクパ（チベットの麺料理）を食べながら様々な話を聞かせてくれた40歳くらいの彼は、近々出家する予定だという。「次に来たときには僕のことをババと呼ぶようになるだろうね」と言っていた。「ババ」とは修行者や僧侶の尊称だ。まだ出家はしていないけれど、僕は彼をババと呼ぶことにした。

ババ曰く、家畜を1階で飼うのは、家畜にとってこの地方の冬は寒すぎて、建物の中に入れないと死んでしまうからだという。さらに驚いたのが、1階の部屋にいる家畜の体温が、2階の住人の部屋を暖めているということである。なんて合理的で切実な住まい方なのだろう。村を歩いていた毛むくじゃらのヤクはたしかに暖かそうだったが、家の中では暖房として活躍してくれているらしい。

さらにババ曰く、木と石を交互に積む壁の工法は、木が井桁に組まれてとても地震に強いが、今は政府がヒマラヤ杉の伐採を制限しているのだという。コンクリート建築の増加にはこういう背景もあるようだ。

「新しいコンクリートの家は、いずれ来る地震に耐えられない。50年、100

「ババの家」外観（左が母屋、右が宿）

年後には海辺の町はなくなっているかもしれない。政府に頼らず、自分で生き延びる方法を考えなければいけない」

真剣な面持ちで僕に話してくれた彼の家は、自分で住む母屋部分と1階のレストラン、さらに増築された宿屋からなる。母屋は彼の言うように伝統的なキナウルのつくり方であるが、レストラン部分はレンガ、宿部分はコンクリートで、構造的には独立してつくられていた。すべてを古い工法でつくることはできないから、せめて守るべきところは守る。この家を見て、良い家とは何なのかが少しわかったような気がした。良い家とは、大切な部分を使い手がちゃんと知っている家だ。ウイグル族の浮いた屋根、皆で眠る大きなベッド、タジク族の天窓の部屋、烏鎮で初めて訪問した家の、寝室にだけ取り付けられた木の扉……。思い返せばそれらの家は、「これが最も大切だ」という宣言をしているように思えた。その宣言ができる人々の強さに、僕は惹きつけられていたのかもしれない。

伝統という言葉を使わずとも、村や建築を存続させていくのはババのような聡明な村人なのだろうと、僕は思った。

村を離れ、ひさしぶりに電波の届く大きな街に戻る。

村で仕立てたズボンをホテルで洗ってみると、動物の匂いがした。

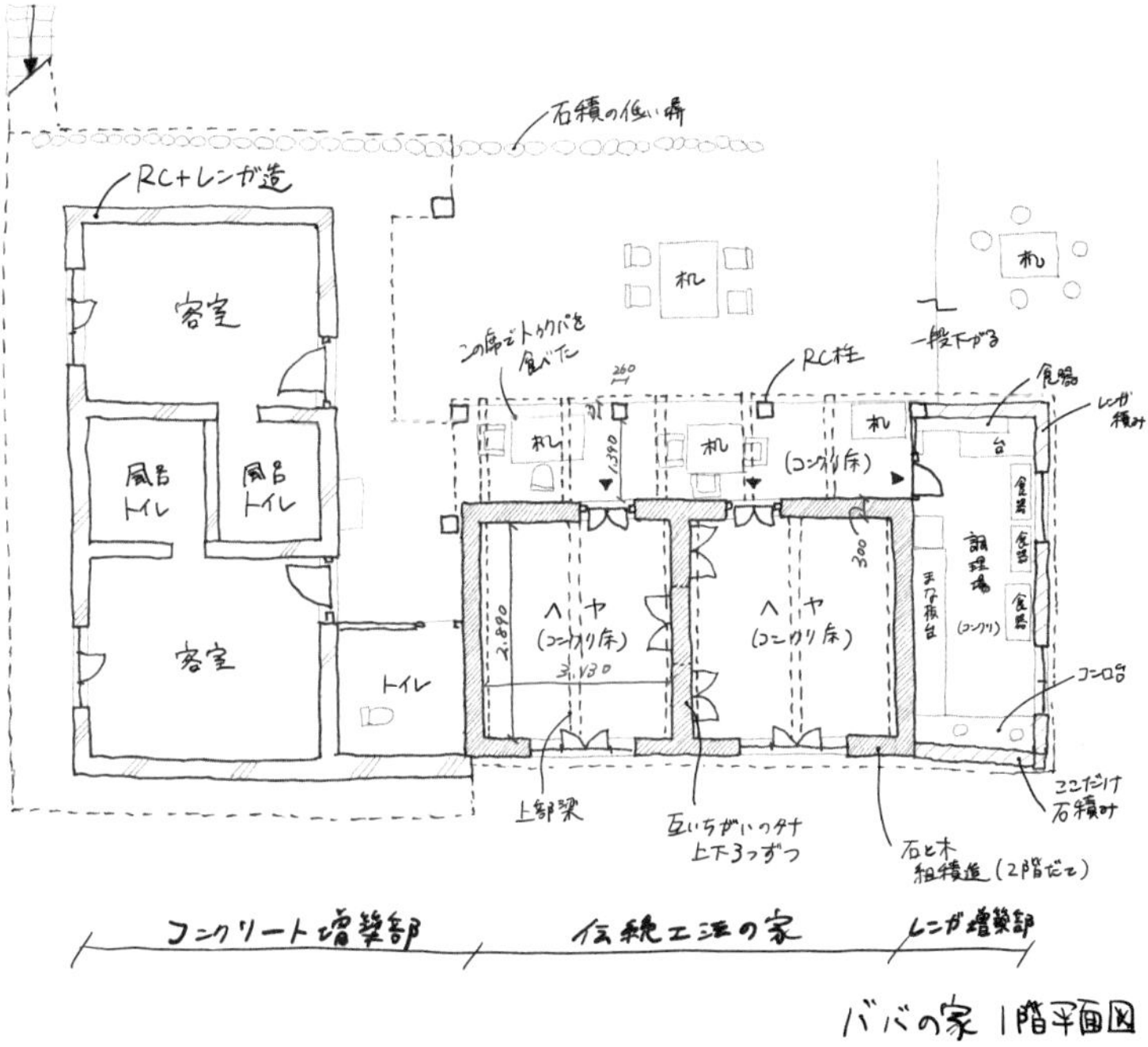
石積の低い塀
RC+レンガ造
客室
風呂
トイレ
風呂
トイレ
客室
トイレ
この席でトゥクパを食べた
260
1,390
RC柱
一段下がる
机
机
机
机
(コンクリ床)
食器
レンガ積み
台
食器
食器
食器
調理場
(コンクリ)
主な作業台
ヘヤ
(コンクリ床)
ヘヤ
(コンクリ床)
2,890
3,430
300
コンロ台
ここだけ石積み
上部梁
互いちがいのタナ
上下3つずつ
石と木
組積造（2階だて）
コンクリート増築部
伝統工法の家
レンガ増築部
ババの家 1階平面図

平面図（グレーの壁が古い工法の母屋）

10

かくれた穴

キッバル

Kibber

Kibber

北インドをキナウル地方からさらに上ってゆくと、森林限界を超えて茶色い岩山ばかりが広がり始める。樹木だって生きるのを諦めるのだから、こんなところに身ひとつで降ろされたら絶対に生きて帰れない、そんな土地だと思った。延々続く絶景への感動と少しの恐怖が入り混じった気持ちで、ヒマーチャル・ロード・トランスポート・コーポレーションと書かれたバスに僕はひたすら揺られていく。

中国のチベット文化圏を旅した後、東南アジアに南下し、スリランカを経由してインドに入国したら山を登り、またチベット人に会いに来てしまった。惹かれるのも無理はない。彼らの住む場所は息を呑むほど美しいのだ。スピティ地方と呼ばれるこのあたりの地域はインドから仏教が伝播したルート上にあり、標高4、5000mの高地に1000年以上前から人々が静かに暮らしている。生易しい自然なんかじゃない。チベット人(ここではチベット仏教を信仰する人をこう呼ぶ)たちは、インド・オーストラリアプレートとユーラシアプレートがぶつかり合ってできたヒマラヤ山脈、地球のエネルギーが最も可視化された場所に、国家を超えて点在している。

彼らの建築の多くは、一目でそれとわかる特徴をもっている。白い箱のような姿で、小さな窓がポツ、ポツと規則正しく開いている。バスの車窓から遠く向こうの山の斜面に白い箱の集合を見つけ、人が寄り集まって住むことの意味について考える。「身ひとつで降ろされたら……」と想像したあの気持ちは、彼らだって同じなのかもしれない。

スピティ地方で訪れた村はどれも強い個性をもっていて、印象に残っている。むしろ強い個性があるからこそ、この地方で生き残れたというべきかもしれない。

ナコ（Nako）は、岩山の中にポカンと現れた湖に寄り集まってできた村で、周辺でここにだけ緑が茂っていた。砂漠だけでなく、山にもオアシスがあることを初めて知った。

タボ（Tabo）には1000年以上前にリンチェンサンポという僧によって建立されたと言われるタボ・ゴンパ（ゴンパは寺の意味）がある。日干しレンガでできた泥細工のような建物の内壁を埋め尽くす仏画を、天窓からのわずかな光が照らしていた。あの圧倒的としか言いようのない空気は、一生忘れられないと思う。ここでは中国のチベット自治区から一人で修行に来ている僧侶と話した。自分がこの先もしも、何もかもがダメになってしまったとき、何もかもを手放してここに来てもいいんじゃないかと思わせてくれる、最後の到達点のような場所。この静かな村は僕にそんな印象を与えた。

キー（Key）にも、およそ1000年前に建立されたキーゴンパがある。チベッ

チベット人の集落を崖越しに望む。白い壁は日が暮れ始めても見つけやすい

トの寺は家と同じ特徴をもっているため、崖の頂上から生えるようなそれは、建物を集めてギュッと固めた結晶のように見えた。どこまでが岩山で、どこからが建物なのか、どれが僧侶の家で、どれが礼拝をする場所なのかもよくわからない。1000年の時間は、すべてを離れがたく、あいまいにさせてしまう。

スピティ旅行の中でも長く滞在したのが、キッバル（Kibber）という村だ。ゴンパと数十軒の家があるのみの小さな村である。標高4200mに位置し、かつては「世界で最も標高の高い集落」として旅人の間では密かに有名だったらしい（どこに抜かされたのかは知らない）。

道中出会った南インド・ケーララ州の学生、フランスで何かの博士課程に在籍するコロンビア人と共にバスで村に着いて、宿を探した。ほとんど旅人のいないこの村には数軒の宿があるだけで、我々はホームステイ宿と称する初老の夫婦の家に滞在できることになった。その家はこの地方の典型的なチベット民家で、格安で、（毎日必ず停電することを除けば）快適だった。

食事は宿のお母さんが作ってくれた。インド風のカレーも、チベット風のモモ（蒸し餃子）も全部おいしかった。みんなで囲むストーブの燃料には、牛の糞を乾燥させた塊を使う。ボウボウとよく燃える。物資の届かない村における、究極の循環である。

お母さんは、左手の人差し指がない。隣村に行くロープウェイの車輪によって

泥でできたタボ・ゴンパの一部

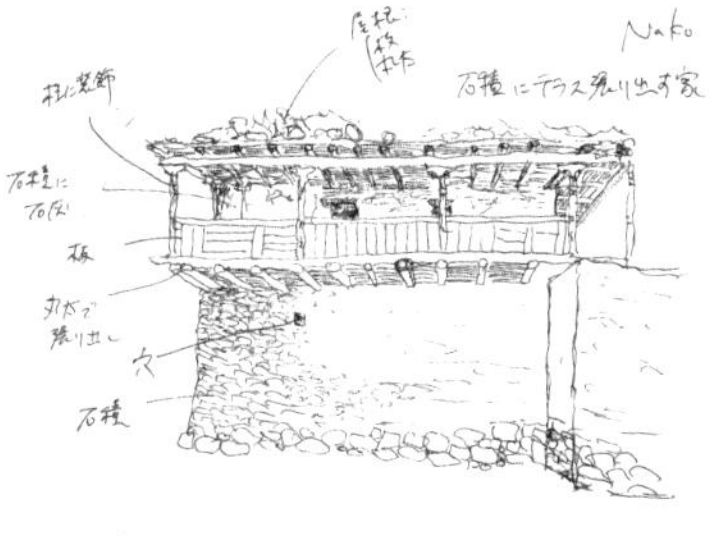

ナコの民家

キーゴンパ。盛り上がった地形をなぞるように建っている

失われてしまったと話してくれた。

隣村に行くロープウェイ？

嘘みたいな話だが、ここの人たちは隣村に行くのに本当にロープウェイを使っている。2つの村は、深さ210mの崖によってはっきりと隔てられている。ロープウェイは電力なんて使っておらず、ケーブルに吊られた箱が、カラカラカラと音を立てて重みで動いている。でも大抵最後まで到達しないから、向こう岸の村人が数人がかりで引っ張ってくれる。実は僕も乗ってみたのだが、これは本当におそろしかった。その横には12年間ずっと建設している橋脚があったのだが、あと30年くらい橋はできそうもなかった。

この村では宿の主人に頼んで、泊まりながら家を調査させてもらえることになった。キッバルの家はいずれも2、3階建てで、壁は版築《はんちく》構造でできている（冬季の雪対策のため足元は石積み）。版築は土をひたすら突き固めて一段ずつ壁を盛り上げていく方法で、日本では法隆寺にも見られる古代からの建築技術だ。宿の主人が言うには、このあたりで頻発する地震にも弱くないらしい。粉々に砕けば次の家をつくるための材料にもなる。一体どれほど昔に建てられた家の土で、今目の前に建つ建物はできているのだろうか。建物が壊された後の「廃棄物」、その行く末について僕は真剣に考えたこともなかった。この村では重要な問題なのだ。

隣村へ行くロープウェイに満載された人々

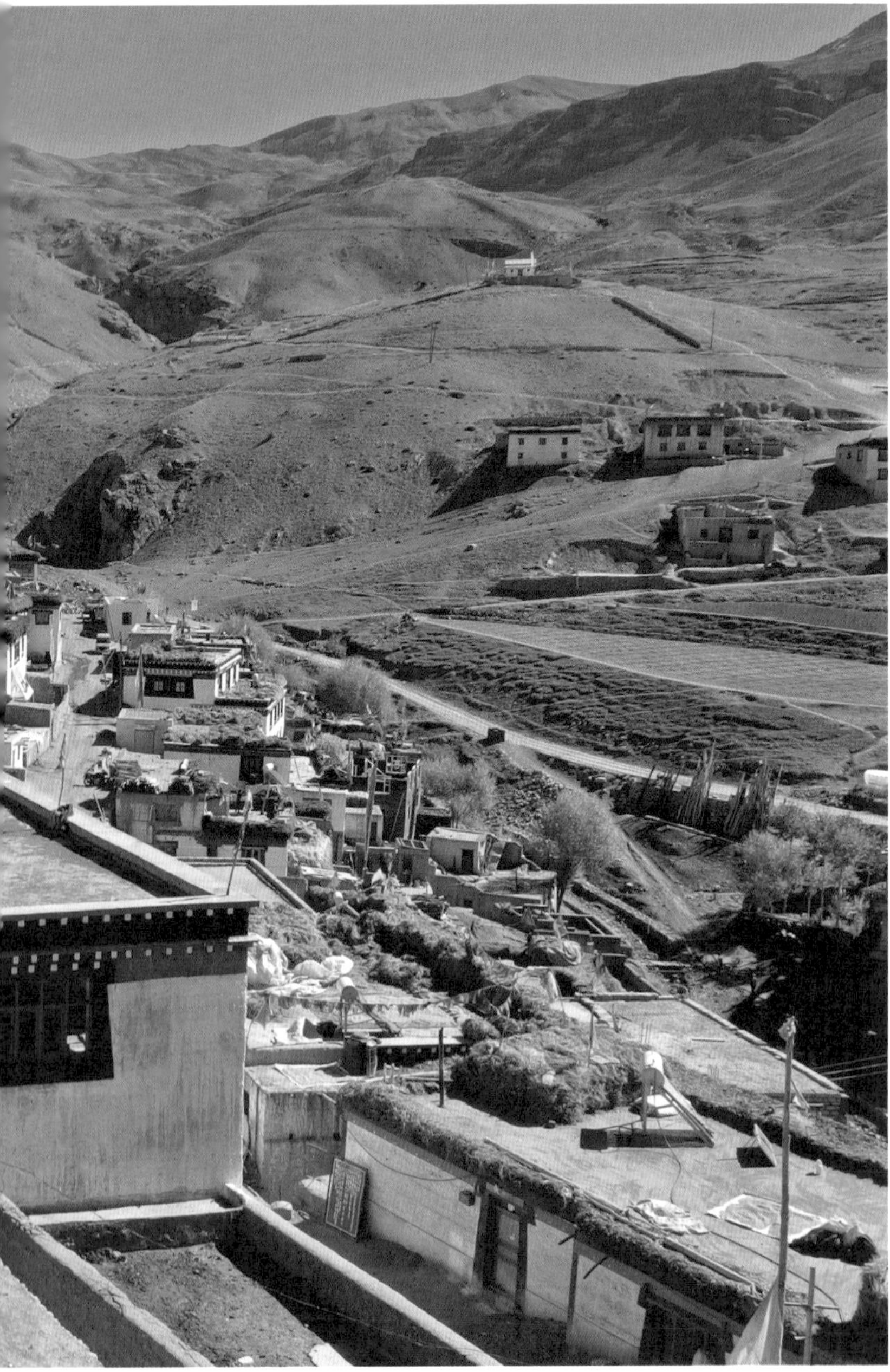

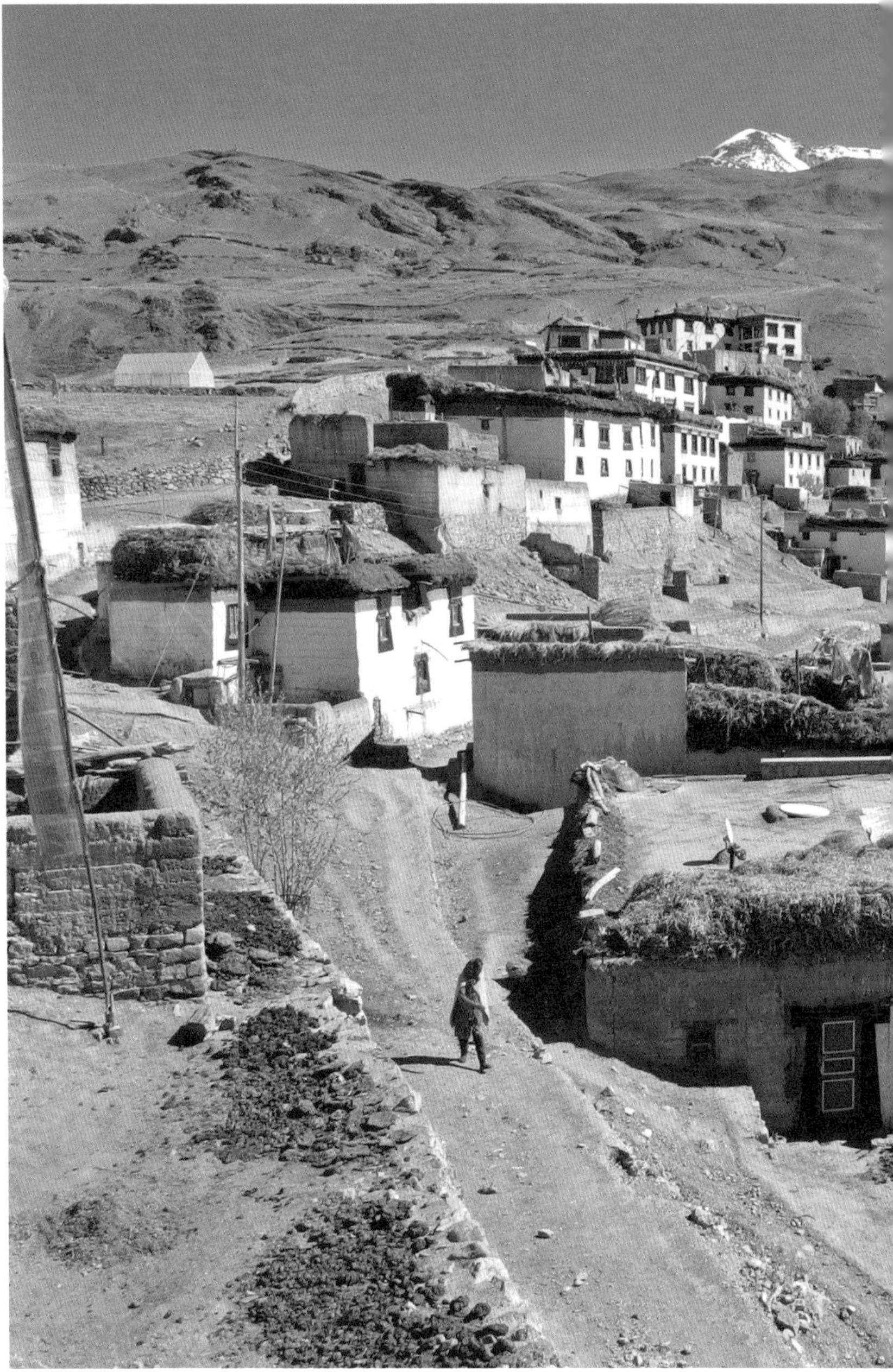

キッバル村。白い家が谷間に沿って南向きに配置されている

古そうな家。下部は石積み、上部は版築の壁（一段ごとに水平線が見える）

遠くからだと四角く見えていた窓を近くで見ると、末広がりの台形を2つ重ねたような形で黒く縁取られていることに気づく。宿の主人によれば、神様のツノを模した形なのだそうだ。荒野の中に建つ四角い家に開いた窓からは、空気や光だけでなく、目に見えない霊気や悪いものも入ってくると考えられていたのだろう。装飾という「まじない」を必要とする気持ちも、この土地に来てみると理解できる気がした。

それにしても、集落を歩いているだけでやけに疲れてしまう。このくらいの標高になると斜面を登るだけでも息が切れる。素早く動いたり、大声で喋ったりすることはエネルギーの無駄であることを身をもって知った。高所に営まれる集落に静謐を覚えるのは、必然だと思った。

この静けさをじっと見つめていると、僕が生きているのと同じ時代にありながら、まったく踏み入れることのできない世界があるという気がする。僕は旅人で、数日経ったらこの場所から離れていく。旅は余所余所しさと図々しさの中で過ぎていく。それでも、少しでもいいから、パッと見るだけではわからないこの世界の深いところを、一枚めくって覗いてみたいと思う。

他の旅人たちが次の町へ出発するのを見送り、僕はもう少しここに残ることにした。

宿の外壁

宿の窓スケッチ

高地の朝は寒かった。

しかし、宿の3階にあたる屋上テラスに出てみると、驚くほど暖かい。たしかに気温は低いのに、太陽の下は暑いぐらいである。暑いというか、熱いのだ。痛いほどの日差しが降り注ぐ。思えばチベット人は皆、鼻や頬の上が真っ黒に日焼けしている。彼らの顔は、高地における人間と太陽の近さを物語っている。タルチョ（チベット仏教の五色の旗）がはためくテラスを見渡すと、キッバル村の様々な生活風景を覗くことができる。

まず、太陽光温水器がある。深い藍色のパネルに集めた光で暖められた水はタンクに溜まり、2階浴室で使う。夜までけっこう熱く、ガス代もかからない。刺すような日差しを快適な温水に変えてしまうありがたいテクノロジーは、この村にはすでに浸透しているようだ。

また、屋根の上にはたくさんの草が載せられている。家畜に与える干し草になるのだろう。牛や羊の放牧が広くおこなわれているこの村では、どの家も頭に髪の毛のような草を載せている。これは人がテラスから落ちたり、雨で土や泥が壁を伝って流れるのを防ぐ機能もありそうだ。おまけに草の上に洗濯物を干すこともできる。朝洗った洗濯物が午前中には乾いてしまう優れた物干し場だ。冬に備えて溜め込まれた干し草は溢れんばかりで、その一部は建物に詰め込まれていた。

さらに、階下のリビングで使うストーブの煙突が屋根を突き抜けてにょきっと

宿の3階テラス

詰め込まれた干し草

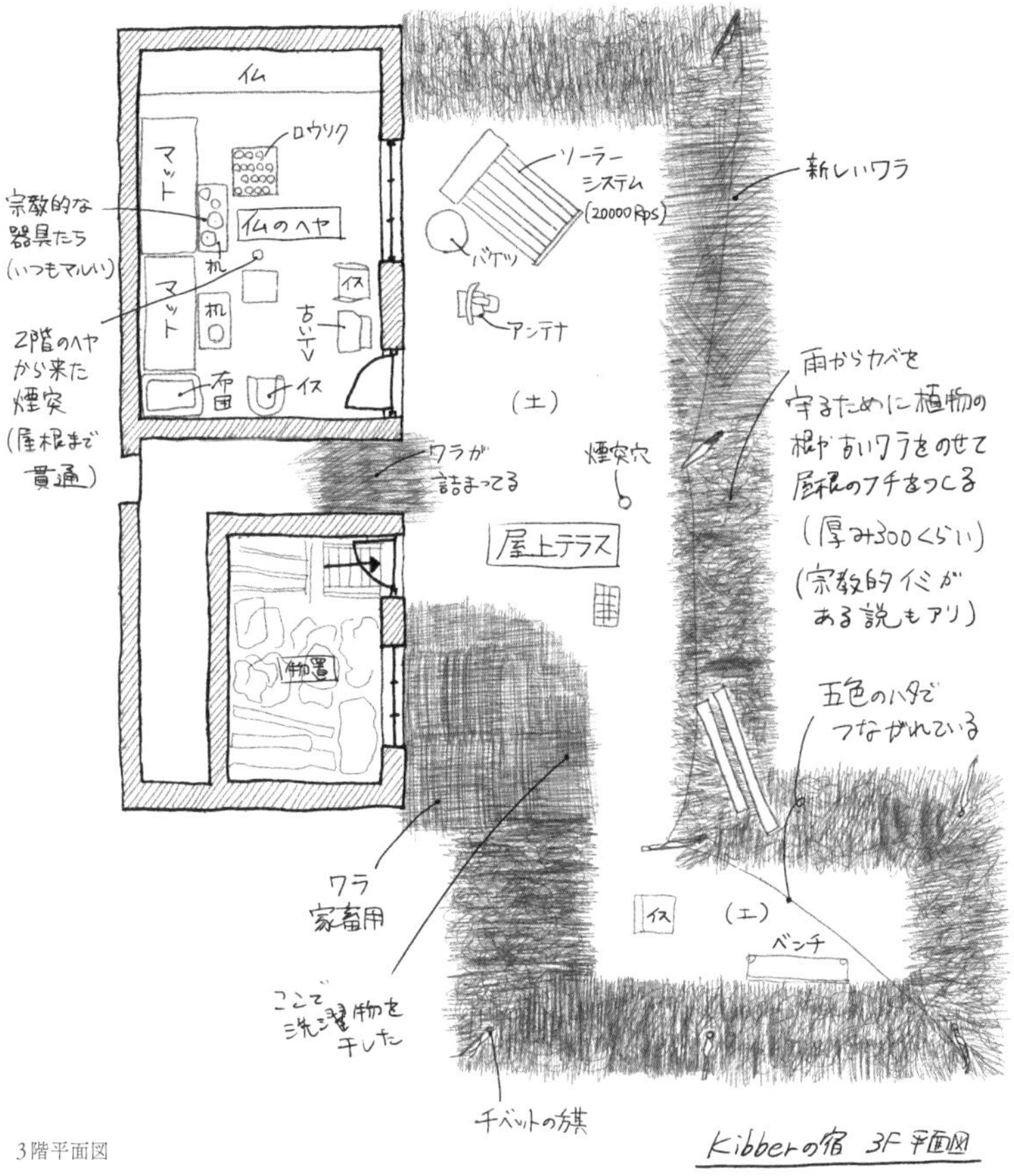
仏
ロウソク
マット
マット
宗教的な器具たち（いつもマルい）
仏のヘヤ
机
机
イス
古いTV
2階のヘヤから来た煙突（屋根まで貫通）
布団
イス
ワラが詰まってる
物置
ソーラーシステム（20000Rps）
バケツ
アンテナ
（土）
煙突穴
屋上テラス
新しいワラ
雨からカベを守るために植物の根が古いワラをのせて屋根のフチをつくる（厚み300くらい）（宗教的イミがある説もアリ）
五色のハタでつながれている
ワラ 家畜用
ここで洗濯物を干した
イス
（土）
ベンチ
チベットの旗
Kibberの宿 3F平面図

3階平面図

顔を出している。こう見てみると、太陽光をはじめとする「エネルギー」を集めたり、吐き出したりする場所として、このテラスは家の中でとても重要な存在に思える。

屋上には少しだけ部屋があって、そこは仏壇や仏像が置いてある祈りのための仏間であった。中国のチベット地域で訪れた家々も、2階建ての家では上の階に仏間を持っていた。同様に、この家でも仏壇は家の一番高い部分に設置されている。太陽に最も近いことを考えれば、宗教的な意味でも高いエネルギーが求められている、というのは考えすぎだろうか。

主人夫婦が不在だったため、気ままに熱いお茶を飲みながら、家の中をゆっくり観察させてもらった。主な生活空間である2階と、テラスのある3階の図面を描いていると、2階に奇妙な空白があることに気づいた。

2階平面図の左下、階段やトイレのある部屋の横に、4m×1mくらいの広さの空間があるらしいことは、実測をして初めてわかった。外から確認してみても窓はないし、内側からも入れるつくりになっていない。しかし、たしかにそこに「穴」があるはずなのだ。

3階を確認してみると、どうやら草の詰め込まれた空間の先に、2階の「穴」と同じくらいの大きさの空間があるらしい。しかし、草がぎゅうぎゅうに詰め込まれており、部屋の中を確認することはできなかった。一体なんなのだろう、この穴は。

仏壇のある部屋

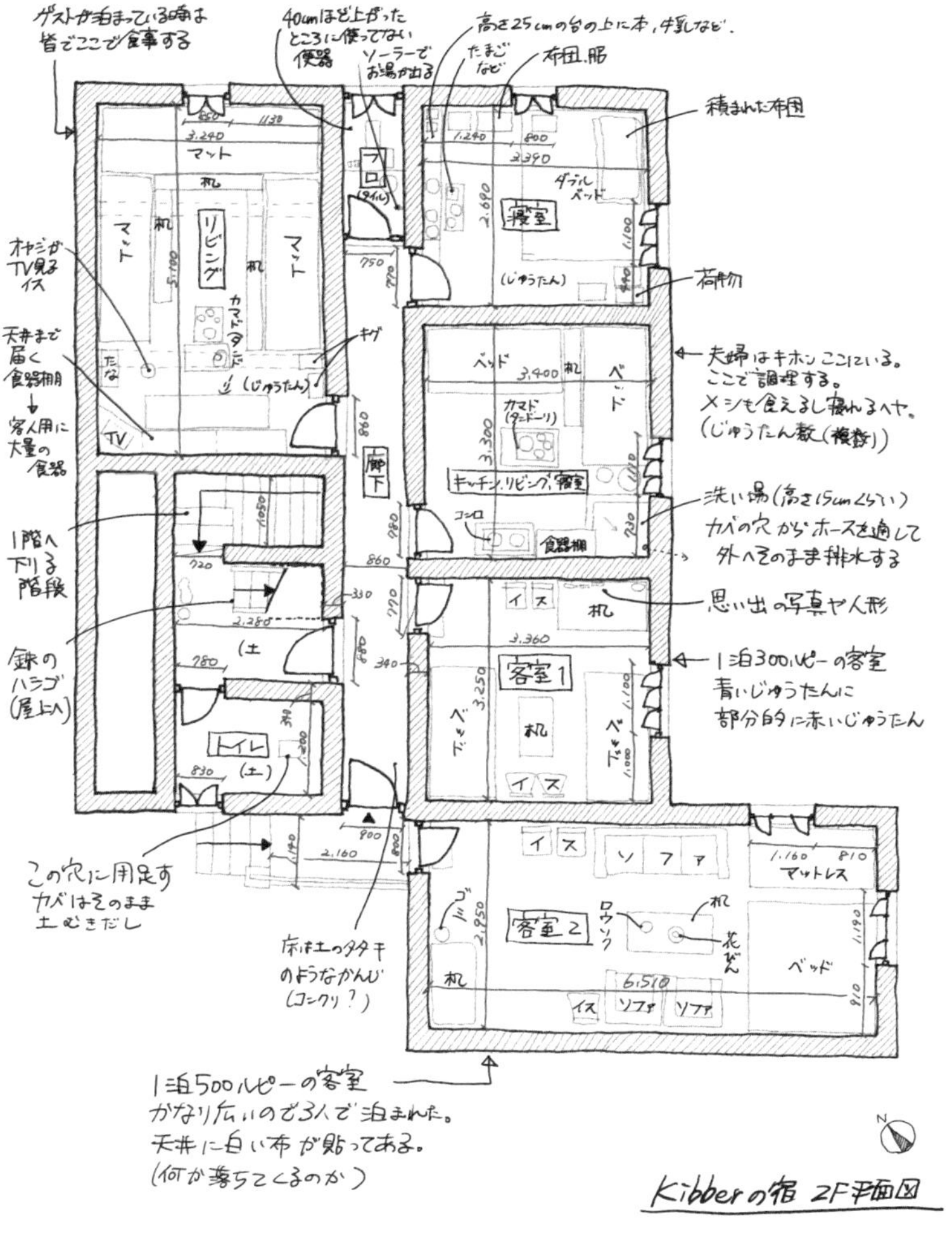
ゲストが泊まっている時は皆でここで食事する
40cmほど上がったところに使ってない便器
ソーラーでお湯が出る
高さ25cmの台の上に本，牛乳など．
たまごなど
布団，服
積まれた布団
マット
リビング
カマドタンドーリ
(じゅうたん)
キグ
オヤジがTV見るイス
天井まで届く食器棚→客人用に大量の食器
TV
フロ
(タイル)
寝室
ダブルベッド
荷物
廊下
夫婦はキホンここにいる。ここで調理する。メシも食えるし寝れるヘヤ。(じゅうたん数(複数))
キッチン，リビング，寝室
コンロ
食器棚
洗い場(高さ15cmくらい)カベの穴からホースを通して外へそのまま排水する
1階へ下りる階段
鉄のハシゴ(屋上へ)
(土)
トイレ
思い出の写真や人形
1泊300ルピーの客室 青いじゅうたんに部分的に赤いじゅうたん
客室1
この穴に用足す カベはそのまま土むきだし
床は土のタタキのようなかんじ(コンクリ？)
客室2
ソファ
マットレス
ロウソク
花びん
1泊500ルピーの客室 かなり広いので3人で泊まれた。天井に白い布が貼ってある。(何か落ちてくるのか)
Kibberの宿 2F平面図

2階平面図（外階段から直接アクセスする）

その夜、宿の主人に「穴」のことを聞いた。曰く、そこには草が詰まっているらしい。それも、1階から3階まで、びっしりと。3階に詰め込まれていた草は、「穴」を通じて、家畜小屋のある1階にまで達しているというのだ。

明朝、まだ実測していなかった1階を見てみることにした。寒い冬場の生活空間と家畜小屋として使われているらしい。2階から階段を降りていくと、壁は土がむき出しで、薄暗い倉庫のような雰囲気である。家畜たちは日中外に放牧されていて留守であった。家畜の部屋を覗いてみると、昨夜主人が言っていたことをやっと理解することができた。

つまり、3階から詰め込まれた草は穴を通って1階まで落ちてくるようになっていて、下からどんどん溜まって3層の高さまで蓄えられる。そして1階には扉がつけられており、この扉を開けば直接家畜に干し草を与えることができるのである。これは便利だ。一度屋上に上げてしまえば毎日干し草を運んでこなくて済む上、しっかり保管できる倉庫にもなっている。乾燥↓貯蔵↓エサやりの動線が、見事に建物の中へ立体的に組み込まれている……。

民家の屋上で人々は、太陽の巨大なエネルギーによって、温水を生み出したり、洗濯物を乾かしたりしている。また太陽から最も近いその場所には、宗教的に重要な部屋が置かれてもいる。同じく太陽のエネルギーによって育ち、乾燥された

3階から続く穴の出口

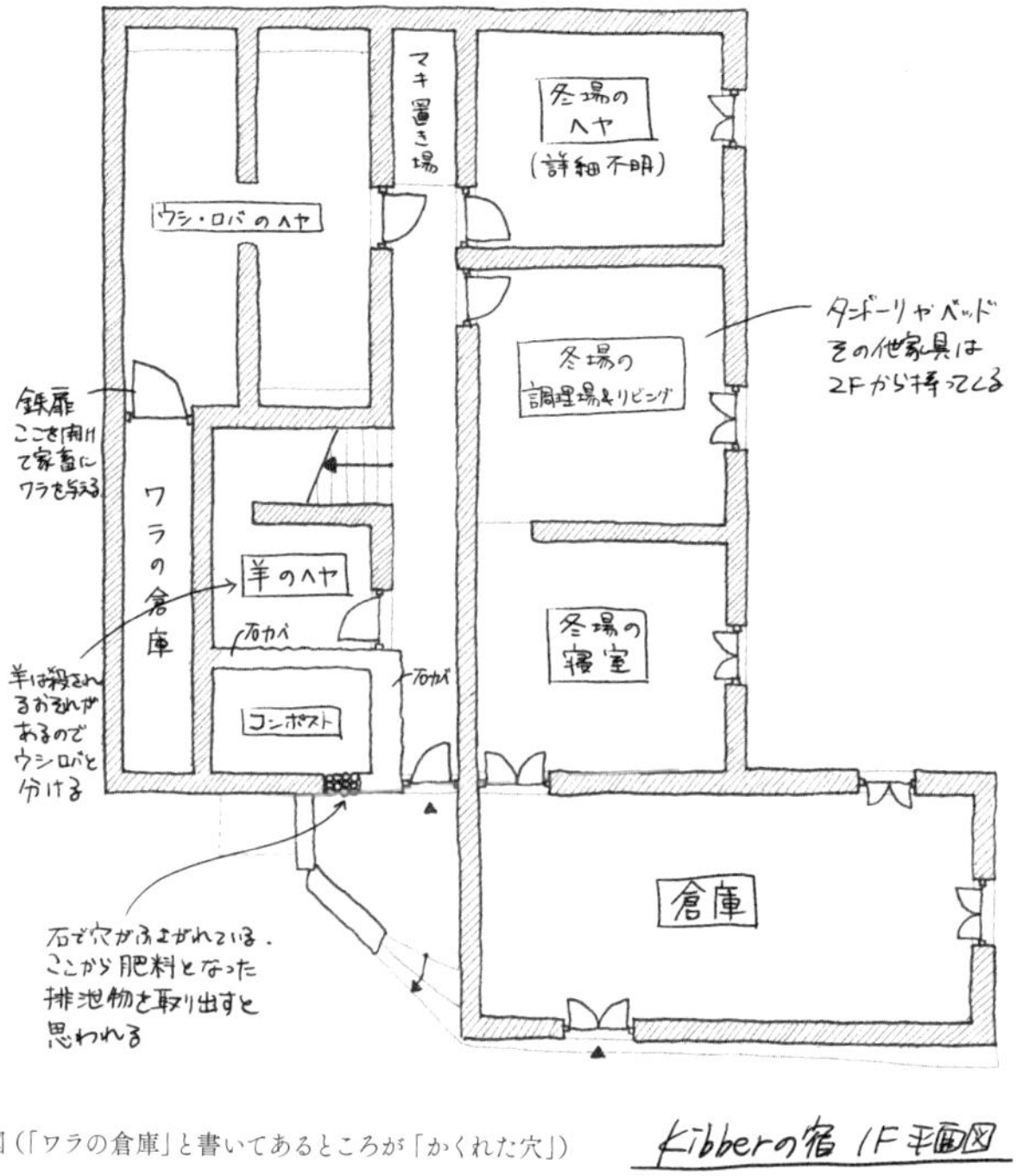

1階平面図(「ワラの倉庫」と書いてあるところが「かくれた穴」)

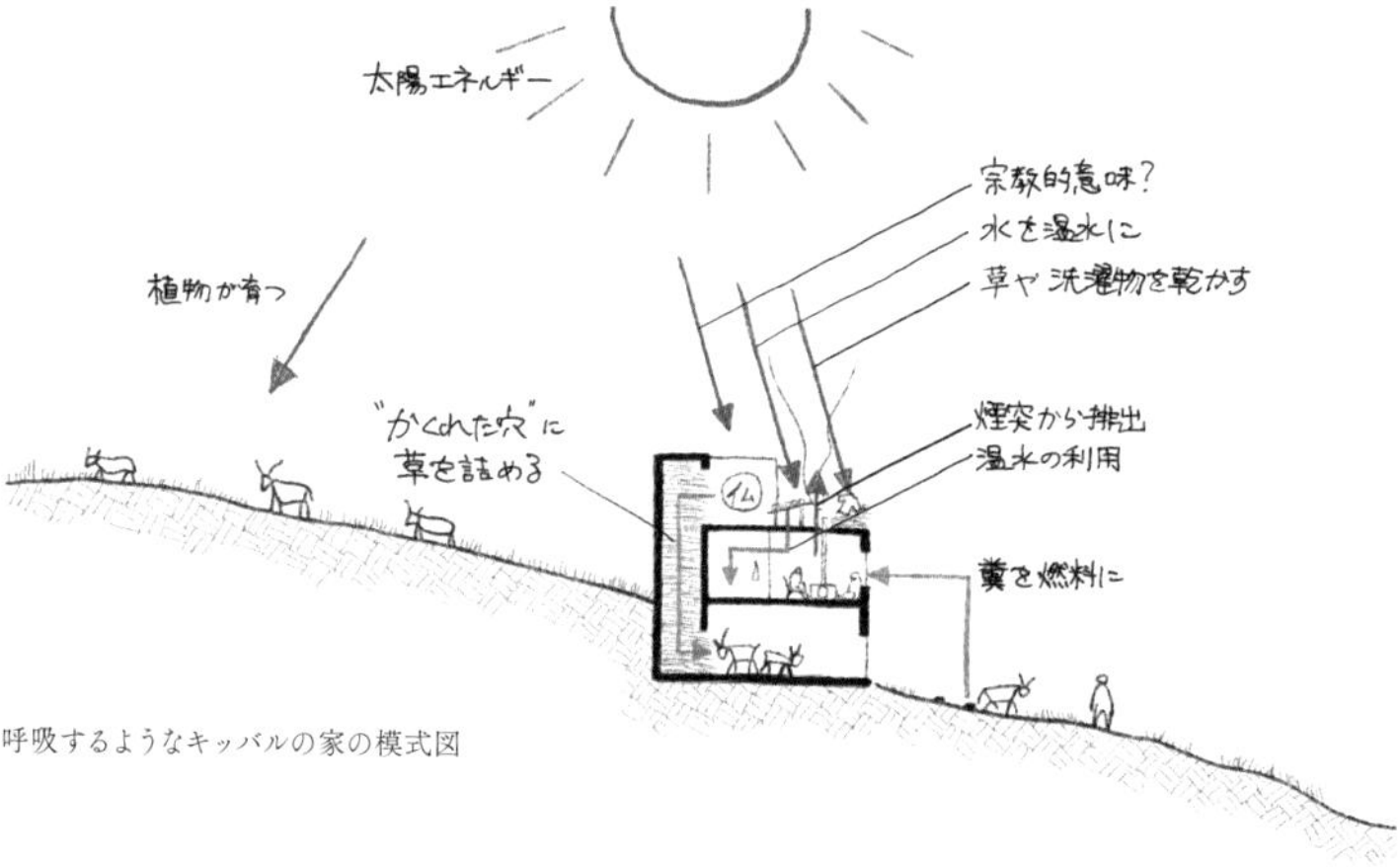

呼吸するようなキッバルの家の模式図

植物は、人々の手によって屋上の「穴」に詰め込まれ、1階の家畜のもとに届けられる。家畜たちは人々の生活の糧となり、その糞は火力エネルギーとして燃やされ、テラスに飛び出た煙突から排出されていく……。この村の民家は、まるで人間や動物たちと共に、ダイナミックに呼吸をしているようだ。

外観からは想像もできなかった住居、人、太陽、そして家畜の密接な関係を発見し、僕はこの村の秘密に少しだけ触れられた気がした。白くて四角い窓の開いた一見シンプルなチベット人の家は、この場所の環境と生物との密接な関係性の中で、しっかりと計画されたものだったのである。この「かくれた穴」は、その一端にすぎないのだろう。

夕方になると、日中自由に放牧されていた羊たちが各々の家に帰ってくる。彼らは自分たちが生活のサイクルの大事な一部分であることを、ちゃんと知っている。

夕方、自分たちで帰ってきて、家の前で主人を待つ羊たち

11

家を〝置く〟

東ギーラーン

Gilan

Gilan

実際に訪れる前、イランは僕にとって未知の国だった。抱いていたイメージといえば、荒涼とした砂漠と古代遺跡、といった漠然としたものだったから、イランにも日本のように温暖湿潤気候で米を生産できる地域があると知ったときは驚いた。今回訪れた北部のカスピ海に沿ったギーラーン州もそのひとつである。

この地域を訪れたのは、そこに家を〝置く〟人々がいると聞いたからだ。しかし事前情報として得ていたのはそういう変わった家がある、ということだけで、具体的にどの村に行けば見られるのかわからなかった。そのため、まずは州都ラシュトにある歴史博物館を訪ねてみることにした。いつものことだが、行き当たりばったりの旅である。

博物館の野外に移築された民家に、度肝を抜かれた。茅葺き屋根のとんがり帽子をかぶった2階建ての高床の家が、土を盛り上げた基壇の上にまさに〝置かれて〟いるのだ。こんな風に建つ家は、それまでどこの国でも見たことがなかった。

そしてなによりも奇妙なのはその基礎である。まるでキャンプファイヤーのように、交互に重ねられた木材のセットが5行×2列＝10個並んでいる。

博物館に移築された民家

なぜこのような奇妙な構造が用いられるようになったのか。それはこの地域で頻発する地震対策のためだと、研究員のムサヴィさんが教えてくれた。木材（その断面は末広がりの台形になっている）を交互に載せていくことによって揺れを吸収し、その上に床が〝置かれる〟ことで、地面に固定されない免震構造になっているという。実際に1990年にイラン北部で起きたマグニチュード7・4の大地震の際も、こうして〝置かれた〟民家は「no damage」だったと彼女は言う。

室内に入ってみると、部屋はログハウス状に木材を井桁に組んだ壁で囲われていた。壁は土で塗り込めてあり重厚である。イランは想像より寒かったことと（訪れた1月も、積もった雪が残っていた）、温暖湿潤で木材が豊富なことが関係しているのだろう。あるいは、基礎を〝置く〟関係から、上部構造が重い方が安定するといった解釈もできそうだ。こうしたログハウスのようなつくりのため開口部は設けづらいのか、出入り口の他に窓はない。一方で、張り出したテラス部分は非常に大きくつくられている。

ここでは窓をつくることで室内を快適にするのではなく、室内は室内として最小限につくっている。そしてその分、明るく光が差し込むテラス部分を大きく確保するといった潔さがある。

井桁の木材の重厚な壁、張り出したテラス……この東ギーラーンの民家は、インドで訪れた「張り出しの村」を思い出させた。構成としてはほとんど同じだ。

奇妙な構造をした基礎部分。基礎が地中に埋められず、置かれている

しかしイランと北インド、あるいは歴史のどこかで巡り合ったことがあるのかもしれないと思わせる両者の民家を隔てるものは、やはりその基礎の異様さだった。基礎は地面から盛り上げて突き固められた土台の上に載り、1階テラスの床までの高さは2m近くにまでなっていた。こんなに高いのは、洪水対策のためでもある。実際に、ギーラーン州東部を流れるセフィード川の東側に、このタイプの家が分布している。地面に固定されない民家の上部が水にプカプカ浮かぶ様を想像してみたが、壁の重みを考えると実際には浮くことはないのだろう。

このようにしてこの土地では地震や洪水、そういった「不都合」が、人々に知恵を必要とさせ、彼らの建築を特別なものにしているのだった。

博物館には他の客がほぼいなかったため、ムサヴィさんは歩きながらこうした情報を丁寧に伝えてくれ、研究室の案内までしてくれた。ペルシャ語の調査報告書を見ても何が書いてあるのかわからないけれど、その量はこの建物に研究価値のあることを示すには十分だった。

一方で、今は多くの人がコンクリートでできた新しい家に住み、伝統的な家屋は倉庫として利用されていることが多いことも知った。世界では今日も伝統家屋がひとつひとつ倉庫にされていっているのだ。それは少し寂しいことではあるが、僕はまぎれもなく、「伝統建築総倉庫化の時代」に生きているのだ。ある人類学者の残した言葉は、僕の心にとても響く。

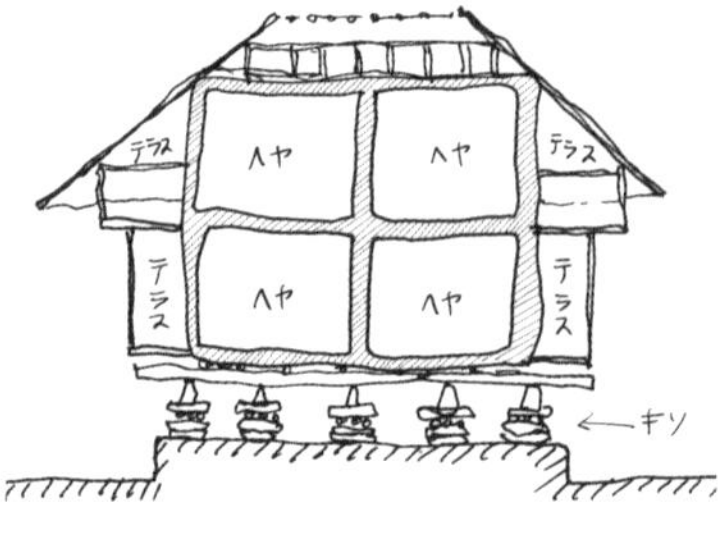

2階建ての民家の断面図。調査報告書からの写し

「数百年後に、この同じ場所で、他の一人の旅人が、私が見ることができたはずの、だが私には見えなかったものが消滅してしまったことを、私と同じように絶望して嘆き悲しむことであろう。」（レヴィ＝ストロース『悲しき熱帯』川田順造訳）

僕は僕の見るものしか見られないのだ。総倉庫化時代の中でも、近隣のセダ・ポシュテ（Seda Poshte）という村では多くの伝統家屋が現役住居として使われていると教えてもらった。翌日、かろうじてつながるネット回線を使って場所を特定し、さっそく村へと向かう。

宿から村まではタクシーを使う。タクシーというか、他の人もがんがん乗ってくる乗り合いの車だ。やけに安く、見た目は普通の乗用車と変わらない。イラン人はこの車のことを「マシン」と呼んでいる。良い呼び名だと思った。

集落に入って数分、あっけなく現役の住居を発見した。

この家は1階建てで規模は小さいが、博物館のものと同じような立派な基礎をもっていた。屋根は茅葺きから金属板に替えられている。テラスの周りにオレンジ色の布を巡らせて、よりプライベートな半外部空間をつくっているようだ。よく見ると布の奥からチラと顔を出して、ばあさんがこちらをうかがっている。こちらに喋りかけているようだ。僕はサラーム（こんにちは）、ジャーポン（日本）と、ノートにメモした二大ペルシャ語で応戦する。

しかし、彼女と僕の間にコミュニケーションが成立することはなかった。さすがは未知の国である。それに高齢者、女性、イスラム教徒。ひとつのバスの中で、女と男が分かれて乗る国だ。僕の知らないタブーがたくさんあってもおかしくない。家を覗きたい気持ちをこらえて、次へ進む。

ほどなくして、巨大な2階建ての家を見つけた。向かって左右両側にテラスを増築しているため、金属屋根が二段になっている。屋根の破風板（屋根の妻側に山形に取りつけた板）が小さなツノの連続のようになっていたり、鋸《のこぎり》型になっていたりと凝った意匠をしている。それにしても巨大な屋根だ。それに比べて、内部空間はやはりとても控えめに、小さくおさえられている。正面にいくつか窓は開けられているが、大部分が波打つ白い漆喰塗りの壁で覆われている。

家主に許可をいただいて、テラス空間に立ち入ることができた。正面のテラスは幅が2m以上あり、絨毯が敷かれている。

左右に増築されたテラスは一段上がって作られている。ここだけでちょっとしたカフェでも開ける広さで、やけに居心地が良さそうだ。大きく傾斜した屋根の下に、差し込む光によって欄干の影が落ちる。ここで昼寝をしたら気持ちいいだ

テラスを覆う布からばあさんがこちらをうかがう

2階建ての家。左右にテラスを増築している

ろうなと思う。奥に流しがあるのを見ると、この空間はキッチンも兼ねたリビングとして使われているらしい。

日本の住居の多くは古くから木造軸組構法が用いられてきたため、隙間だらけで窓をつくりやすい。そういう国で育ってきた僕には、窓のつくりづらさから生まれたこの大胆な半外部空間と重い居室部分のコントラストは、それまで抱いていた常識を揺さぶられるようで、とても魅力的に見えた。

次に訪れたカチェラム（Kachelam）という村では、道で出会った初対面の男性が車で村を案内してくれた。書き忘れてはいけないのは、イラン人は基本的に親切な人ばかりだということだ。途中、ひときわ古さの目立つ一軒の家を発見した。「ここを見たい」と言うと車を停め、ありがたいことに住人の老夫婦まで連れて来てくれた。近くのおばさんも娘を連れて表に出てきた。娘の写真をぜひ撮ってくださいなと言われ、恥ずかしそうにする女の子を撮った。

さて、老夫婦はこの建物の1階に2人で住んでいる。片方の屋根がなくなって半壊状態にあるこの家は、僕が見た中では最も古いものであったと思う。彼らとの意思疎通があまりできない中で得た情報を信じるなら、築140年とのことである。

案内人の男性が老夫婦に僕を紹介してくれたおかげで（「ジャーポン」（日本）

老夫婦の家の屋根。空を切り取る破風板の装飾

前項：居心地の良さそうな増築テラス部分

Kachelam村で最も古そうな家

から来た青年が家を見たいらしいんだけど、変だよね、ははは、とか言ってくれたのだろう）、室内も少し覗かせてもらうことができた。イスラム教の「感じ」がつかめず、そう簡単に家の中に入れてくれとも言いづらかったから、こうして村を案内してもらえたのは幸運だった。

室内は薄暗かった。覗いてみると、小さな窓から入るわずかな光に照らされ、しっとりと光る漆喰の壁に窓のような「くぼみ」（ニッチ、または壁龕《へきがん》ともいう）が丁寧に彫り込まれているのが見えた。くぼみはそれぞれ4、50cm四方の四角形で白い壁に塗り込められ、3面の壁に8つずつ、合計で24箇所並んでいた。

このようなくぼみは外壁にも随所にあり、実は博物館に移築された家でも多く見られたものだ。窓が少ない代わりに、ではないだろうが、壁の一部を凹ませて窓のようなくぼみをたくさんつくっているのだ。ここは写真を飾ったり、小物を置いたりできる棚として使われていたようである。くぼみの下の、これまた窓のような縁取られた文様と合わせて、この地方の民俗と何か関係があるものなのかもしれないが、詳しいことはわからずじまいであった。

さて、博物館で聞いたとおり、この地域の伝統的な家はコンクリートやレンガに取って代わられつつある。かといって、まったく新しいタイプの家が突然建つわけではなく、伝統的な家からゆっくりと推移しているように見える。集落を歩いていると、その「変化過程」にある家々に多く出くわした。

暗い室内に並ぶ壁のくぼみ

外壁に彫り込まれた装飾的なくぼみ（Kachelam村）

基礎がレンガの柱に変化した家

地階をもった家

たとえばあのキャンプファイヤー基礎の多くは、レンガの柱に取って代わられていた。柱の上に土台が置かれ、上部は伝統的なものと同じ作り方をする。例のごとく、人の背丈より高い高床住居であることは諦めていないが、基礎が地面に固定されている分、免震性は失われているのだろう。地面を盛り上げた基壇の姿もすでになく、床下空間は実にスッキリとして、物置や犬小屋として使われていた。

さらに、レンガの柱で地面から床への高さを容易に稼ぐことができるため、地階に部屋を持つ家も現れてきている。家畜用として使われているものもあれば、居住空間と見られるものもあった。テラスはかろうじて残っているとはいえ、ここまで来るとほとんど伝統住居の原型を留めていない。しかし現在では川の整備も進み、洪水の被害そのものも少なくなってきているのだろう。

レンガとコンクリートが取り入れられた新しい家を見ていると、伝統的な家に比べ、より大きく、たくさんの窓をもつようになったことがわかる。それは建物の構造の制約が少なくなったことや、暖房器具の発達とも関係しているのだろう。

そういう家を訪問してみると、生活しやすく便利になった明るい室内には、暗がりの中に浮かんでいたあのくぼみの姿はもう見つからなかった。それが何を意味しているのかはわからない。わからないけれど、この地域の家から確実に何かが消えたということは、ここに記しておきたくなった。

たくさんの窓を持つようになった家

明るさを手に入れた室内

12

都市はバザール

タブリーズ

Tabriz

Tabriz

イラン北西部を走るバスの窓からは、初めて見る風景が続いていた。赤と白の縞模様でなめらかな山、削られたばかりの鋭い真っ赤な山、伏せた象のような灰色や紫色の山。植物は、カビのようにわずかに生えている。ここはたしかに地球なのに、行ったこともない月や火星が頭をよぎる。人間がこんなところで暮らせるとは到底思えない風景だ。

1月のイランは寒い。北西部の都市・タブリーズにやってきた頃には雪も降り始め、気温は0度を下回っていた。リュックの中の分厚い服をすべて着込む。

タブリーズは3世紀頃にまでその歴史を遡ることができる古代都市で、アゼルバイジャン人が多く住んでいる。この街のバザールは世界最古といわれ、全体が把握できないほど複雑な成り立ちをしている。雪から避難する意味もあり、バザールの中を歩き回ることにした。レンガでできたバザールは暗く、昼間でも夜のように電球が灯っている。

バザールには衣服、宝石、食物、雑貨など、ありとあらゆるものが売られている。糸になる前の羊の毛が詰められた袋、1パックが20人分くらいあるスイーツ、顔色のわるいマネキンたち、動物の足……。日本では見ることのないものがたくさ

イラン北西部の異星的風景

雪降るタブリーズで世界最古のバザールに避難する

んある。内部は商品によってエリア分けされており、はるか昔からの計画性を感じる。とくに日用品エリアは人で溢れ返っている。見渡せば店員も客もほとんどが男性（そしてほぼ例外なく黒系のコートを着ている）で、イスラム社会が男性社会であることを肌で感じる。21世紀の今でも日本人が来ることなんて珍しいのだろう、通りを歩いていると頻繁に声をかけられ、「店に寄ってけ」とチャーイ（濃い紅茶）をご馳走してくれる人もいる。大抵英語は通じないので何を言っているのかわからない。話が通じないから、だんだん無口になる。この旅ではこんなことが何度もあった。少し気まずくなって、何年前から置いてあるのかもわからない、売れないワイシャツを眺める。ラクダの毛で作った靴下を手に取る。それでも僕はこの時間をとても大事に思う。話が通じなくても、同じ場で笑っている不思議。僕はこの経験をこうして文章に書くし、彼らは彼らで家に帰って、異国の旅行者とお茶を飲んだことを家族に話したりするのかもしれない。そう考えるとあの時間にも意味があったように思う。

　店の隙間には時々チャイハーネ（喫茶店）があり、ここでも男たちはチャーイを飲みながら水タバコを嗜み、談笑している。平日の午前中、まるで休憩が仕事であるかのように、壁に沿ったベンチに黒服の男たちがずらりと並ぶ。その一見異様な空間に戸惑いはしたが、店主と見える男に「チャーイ」と言うと、案外すんなりと仲間に入れてもらえた。隣の男と軽い会話を交わし、中を観察する。天

チャイハーネにて。ずらりと並ぶ男たち

井を見るとレンガのヴォールト状（アーチを連続したかたち）になっており、空間的には中国のヤオトンとそう変わらない。店主は僕にご馳走してくれた。

　バザールを貫く道、つまりアーケードは連続したドームでできている。ひとつひとつのドームをよく見てみると、その積み方がまるでバラバラだ。長い年月が経つ中で壊れることもあるとはいえ、隣り合うものの積み方がこうまで違うのは意図的としか思えない。タブリーズの左官屋がチャーイでも飲みながら、これはどうだろう、こんなのもあるぞ、これはやりすぎか……と実験的に楽しんでいる光景が目に浮かぶ。後に行ったエスファハンの金曜モスクでは、この「ドーム遊び」の極ともいえるものを見た。こちらも8世紀まで歴史を遡れる古いモスクである。

ドームにはところどころ穴が開けられていて、通路にポツポツと光を落としている。光だけでなく、雪もパラパラと入ってくる。この天窓は、あの到底住めそうもない異星のような自然環境を柔らかく調整し、人間の住める場所に変える装置のように見える。慎重にプシュ、プシュ、とバザールの構造体に開けられた穴が、ドームで覆われた人工的環境の中に、人間に必要なだけの自然を招き入れている。

　電気のなかった時代には、この薄暗い空間に差す光が、この街の主役だったはずだ。こうして厳しい自然を人間のために改変するところから、この「都市」は始まったのだろう。

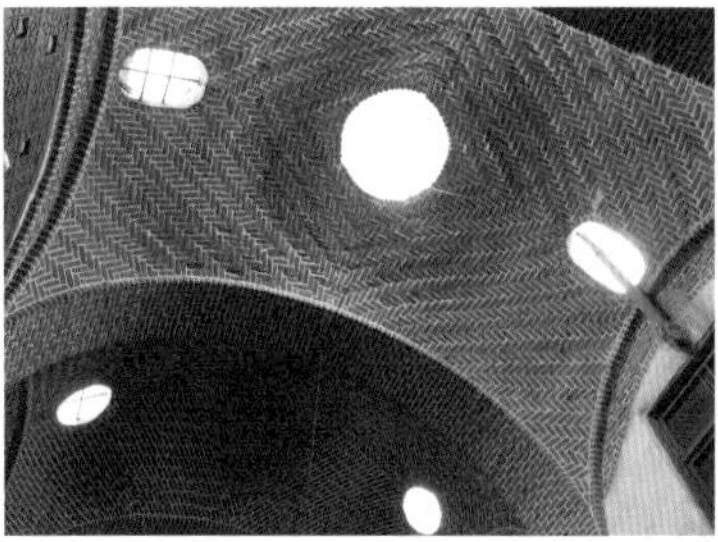

ドームの穴。光や雪が入ってきて、煙は出ていく

エスファハン・金曜モスク（マスジェデ・ジャーメ）のドーム遊び

とくに気に入ったのは、ペルシャ絨毯の店が軒を連ねるエリアである。帽子をかぶった男たちが真っ赤な絨毯に埋もれていると表現すれば、その雰囲気が伝わるかもしれない。その中で、絨毯屋を営むサイードという中年の男と仲良くなった。英語の話せる彼は仕事中にもかかわらずバザールを案内してくれた。

絨毯は頻繁に買うものでもないのでこのエリアは人通りも少なく、バザールの空間を落ち着いて観察できる。基本的に店は幅3ｍくらいと狭く、2階建てで、付近はほぼ同じスケールで統一されている。何ｍもの大きい絨毯は店には入らないため、通路にはみ出して積まれている。狭い店の中には男たちが集まり、白熱灯の下で絨毯を広げて見たり、やはり茶を飲んでいたりする。

サイードによれば、店は1階を店舗、2階を倉庫として使っていて、その2階に設けられた古い木製の窓を「ウルシー」と呼ぶそうだ。倉庫に大きな窓や扉がついているのは、外からハシゴをかけて物を出し入れするためなのだろう。

バザールの丈夫な構造体が外部環境からの影響をやわらげる働きをしているため、この窓はとても自由に開けられている。店によって色やデザインが違い、看板のような役割も果たしているようだ。とくに古そうなウルシーは、正方形に分割された面の中を菱形に浮き彫りにしたようなものが多い。そこに意味があるのかは知らない。だが確実に言えるのは、作るのが面倒臭そうだということだ。しかしこのキメ細かな装飾のおかげで、大きなスケールで立ち上がったドーム構造

絨毯の品評をする男たち

絨毯エリアの一角

木製窓「ウルシー」

の中に、たしかに人間の居場所がつくられていると感じる。人間がつかまえることのできる小さなスケール感。我々が装飾を作り出してしまう意味は、ここらへんにあるのかもしれないと思った。キメの細かい肌着の安心感があって、やっとコートを羽織れるようになるように、ウルシーは巨大なバザールにぽんと置かれる不安を少しだけ取り除く存在なのかもしれない。

サイードは午後2時過ぎに早々に店仕舞いにして、車で少し離れた自宅に招いてくれた。彼らの多くは郊外に住んでおり、毎朝9時に出勤、夕方5時まで働いているのだそうだ。毎日のようにものや人がわらわらと集まってくる、あのポツポツと光の差し込む薄暗い「都市」で。

彼の家は清潔で広々としており、絨毯屋らしく何枚もの絨毯が敷かれていた。それは、広々としたリビングをいくつものスペースに区切るために敷かれているように見えた。2人の娘と一緒に遅い昼飯をご馳走になっている間、サイードは色々な話を聞かせてくれた。

「日本では、職場が大きく家は小さい。イランではその逆で、職場は小さくても家は大きいんだ」

彼にとってあの「都市」は働く場所であって、住む場所ではないのである。なるほど、古代からの都市・タブリーズの住民は、都市とうまく付き合う方法を僕らよりずっと心得ているのかもしれない。

サイードの家。絨毯は広いリビングを区切っている

13

砂漠で呼吸する

ヤズド

Yazd

Yazd

イラン中央部のヤズドという街へ向かうバスは、例のごとく砂漠が続く異星的風景を横切って進んでいく。どうやらイランでは、異星を通り過ぎないと次の街へたどり着けないようになっているらしい。無心で10時間以上もバスに揺られるのは当然疲れるのだが、飛行機による点移動ではつかめない国土の広がりを、この退屈は教えてくれる。

それにしても人の住めない土地ばかりだ。大げさじゃなく、町から出ることがほとんど死を意味するような場所であることがわかる。

そういえばこの旅の計画中、気になる目的地に印をつけた世界地図を見て、どこも砂漠ばかりだと知人に指摘されたことがあった。僕はやっぱり無意識に砂漠を求めていたのかもしれない。

今回訪れたヤズドも、砂漠のオアシス都市だった。今ではイスラムが多数派だが、ゾロアスター教徒が多く残る場所で、紀元前から存在する都市である。旧市街に位置する宿の屋上から街を見ると、幾重にも重なる土色の建物、どこまでも水面のようにうねる屋根のドームで遠近感が失われるような気がした。どこまでがひとつの建物で、どこからが次の建物かわからない、永遠に続くような土色の

「異星」を横切るバスの車窓から

旧市街の宿の屋上から。モスクの塔が見える

めまい。今でこそコンクリートや鉄でできた建物も見られるが、かつてこの街の建築と周りの風景の違いは「砂土を固めてあるかどうかの違い」でしかなかったのだろう。その土塊から抜きん出て立つ青いタイル貼りのミナレット（モスクの塔）から、アザーンが聞こえてくる。アザーンとは、イスラムの礼拝の時間を知らせるおじさんの声、というか歌である。モスクによって様々な響きをもっていて、イスラム都市を旅行する際の楽しみのひとつでもあった。

ヤズドに着いた日の夕方、夕日でピンク色に染まる街を包むような美しいアザーンを屋上で聞いた後、宿のレストランでラクダ肉のカレーを食べると、遠くまで来たんだということを実感した。

ヤズドからほど近いSaryazdという古い小さな町を歩いていると、数人の男たちがキャラバンサライの修理をしていた。キャラバンサライとは隊商宿のことだ。あの「異星」をゆく砂漠の商人たち（キャラバン）が、旅の休憩をする施設だった。かつてこのあたりにはキャラバンがたくさん行き来していたのだ。彼らの移動を想像すると、バス移動の退屈なんて本当にちっぽけなものにすぎないのだろうと思う。

正面を見ると、入り口の左右に10個のアーチ状のくぼみが並んでいるが、そのほかはのっぺりとした土壁で、前後2つの入り口を除いて窓はひとつもない。あ

他者を寄せ付けないのっぺりとした土壁

まりウェルカムな見た目はしていない。歴史的建築を改修して観光施設として使うべく、若い男たちがチーズみたいに黄色い大きめのレンガを積んでいる。そばにあった間違いだらけの英語の説明板を信じるならば、11~12世紀に作られたものらしい。もっとも、日干しレンガと泥でつくられたこの建物は何度も補修され、オリジナルな部分なんてもう残っていないのかもしれない。

外から眺めていると、赤いポロシャツを着た現場監督風の男が話しかけてきた。中を案内してくれるらしい。

入り口をくぐると、大きな中庭がぽかんと広がっていた。外に窓が一切ないのは、砂漠から吹いてくる砂を防ぐためなのだろう。中庭はその代わりに空を向いた大きな窓として開かれ、その明るい中庭に向かっていくつもの小部屋が配置されている。前面に尖頭アーチ（先のとがったアーチ）でできた縁側のような空間をもっており、その奥が幅3m、奥行き4mほどの部屋になっている。すべて日干しレンガに土を塗り込めてつくってあるので、中も外も同じような表情をしていて、壁は外部の熱をやわらげるのに十分な厚みをもっている。

赤シャツ監督の話を聞きながら、さらに奥の方を覗いてみる。中庭から少し奥に入ると幅広い廊下が延び、ドームの中央に開けられた天窓からはドラマティックな光が差し込んでいた。その廊下に面してさらに小さい部屋が並ぶ。どれも規則正しく並んでいるところを見ると、かなり計画的に建てられた施設のようだ。

修復されたキャラバンサライの中庭

古代や中世には、キャラバンサライは駅前の東横インやアパホテルくらいの感覚で量産されていたのかもしれない。限られた材料（日干しレンガ、土、石）で、単純なアーチやドームによってできた形態は、もっぱら機能を優先して作られたものである。現に一切の装飾を排している。唯一の装飾と思った部屋の手前の小さなくぼみは、よく見ると木や石の棒が渡されていて、ラクダをつないでおくためのれっきとした機能をもっていた。廊下が4ｍと幅広なのも、ラクダを両端につないでおくためだ。キャラバンサライの機能主義はけっこう徹底している。

中庭の縦横の中心軸上には、とりわけ大きめのアーチが4つ相対している。これはサーサーン朝時代（3〜7世紀にイラン周辺で栄えた王朝）にペルシャで発明された「イーワーン」というヴォールト（アーチを連続させた形）空間である。前面のみが開いていて、窓がそのまま部屋になったような半外部空間だ。構成としては中国のヤオトンに似ているが、高さは2倍くらいあって、あの人間的な親密さはここにはない。生活というより精神のための空間という感じがする。イランの多くのモスクはこの古代様式を踏襲して独自のスタイルを築いているのだが、このキャラバンサライにも同じ特徴が見られる。この4つのアーチがかつてどう使われていたのかはわからないが、その求心的な構成は、建物の意識を内に向かわせる力を感じる。

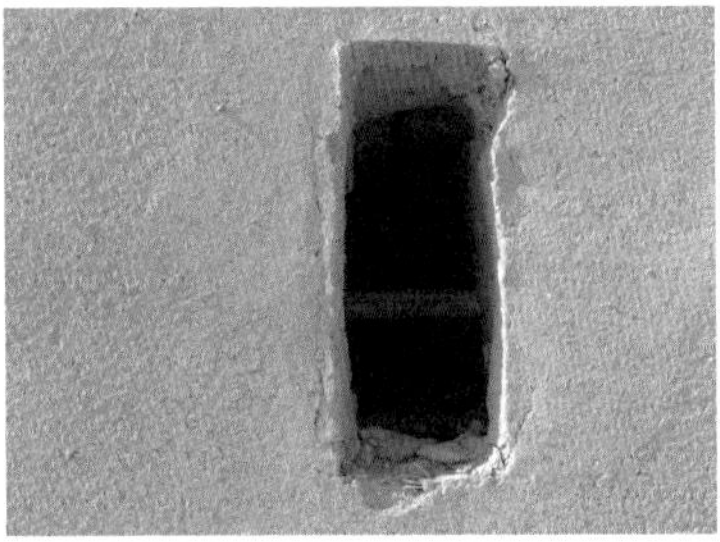

ラクダをつないでおくための機構

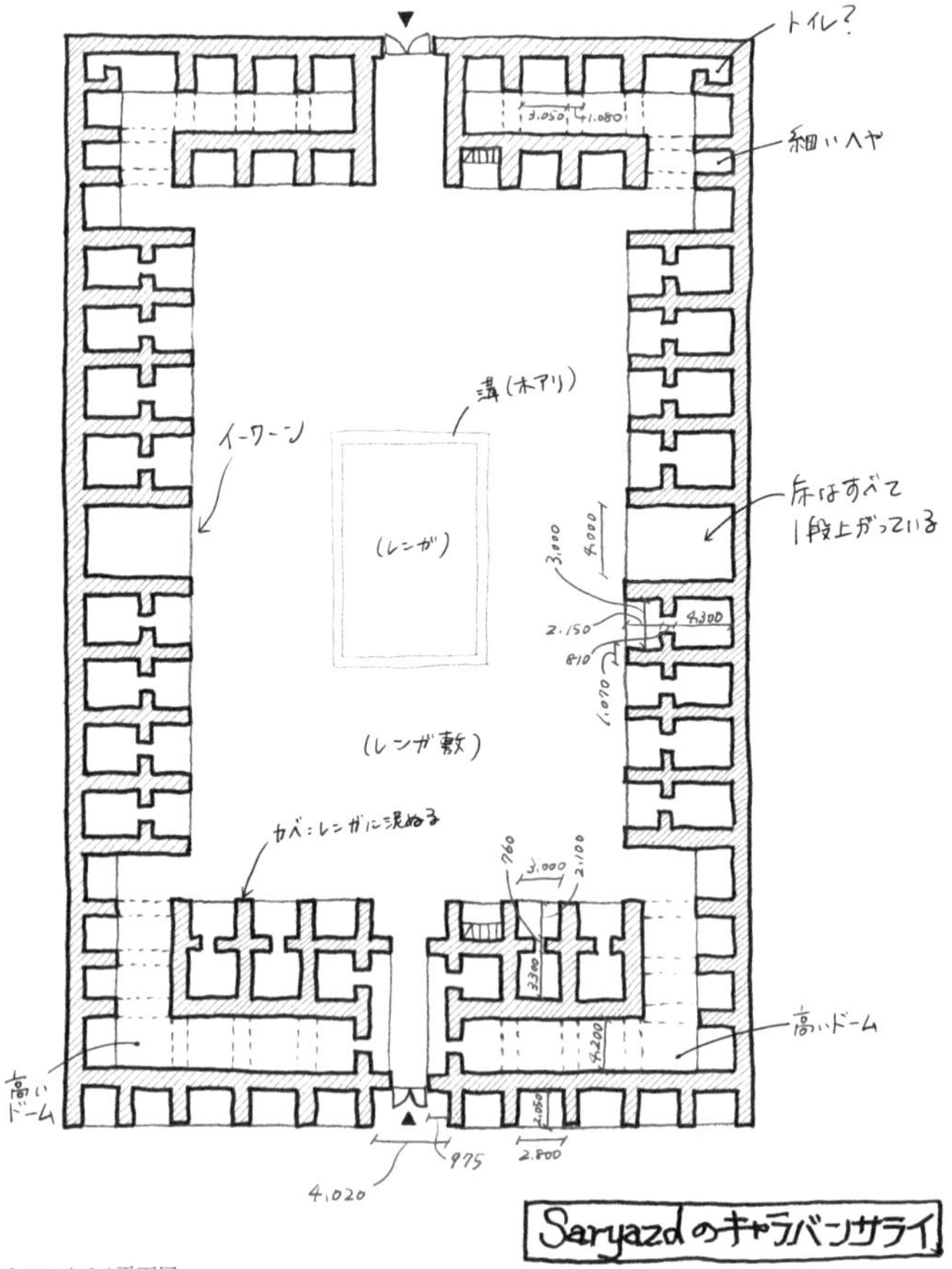

キャラバンサライ平面図

砂が吹き荒れ、太陽が照りつけるこの厳しい土地で生き延びるために、ヤズドの人々はレンガと泥の分厚い壁で身を守る必要があった。しかし人間は真っ暗で空気の淀んだ洞窟に住むわけにはいかないから、どこかに穴を開け、家に「呼吸」をさせてやらねばならない。その最も基本的な工夫が中庭といえよう。それはこのキャラバンサライに限らず、このあたりの建築に共通する特徴のようだった。

赤シャツ監督は中庭を出て、続いて近くの地下貯水槽を案内してくれた。砂漠のオアシスといっても、この街は人工的につくられたものである。中国のトルファンで見た「カレーズ」と同じような地下水路が、ここイランではそれ以前から「カナート」という名前で利用されてきた。

近くのカナートから引いてきた水は、先の尖ったまんじゅう型のドームの両脇に2本の塔を従えた貯水槽に貯められる。その施設は「アーブ・アンバール」と呼ばれている。両脇の塔を「バードギール」といい、上部の開口部から風を取り入れて中の水を冷やす働きをしている。高い位置に穴を開けることは、砂土を含まない風をつかまえ、さらに煙突効果でこもった熱を排出するのにも役立っているそうだ。

この貯水槽の水を汲みにいくためには、10m以上離れた場所にある入り口から地下への階段を降りていく必要がある。監督は僕を下まで連れていき、蛇口の取

キャラバンサライ内部

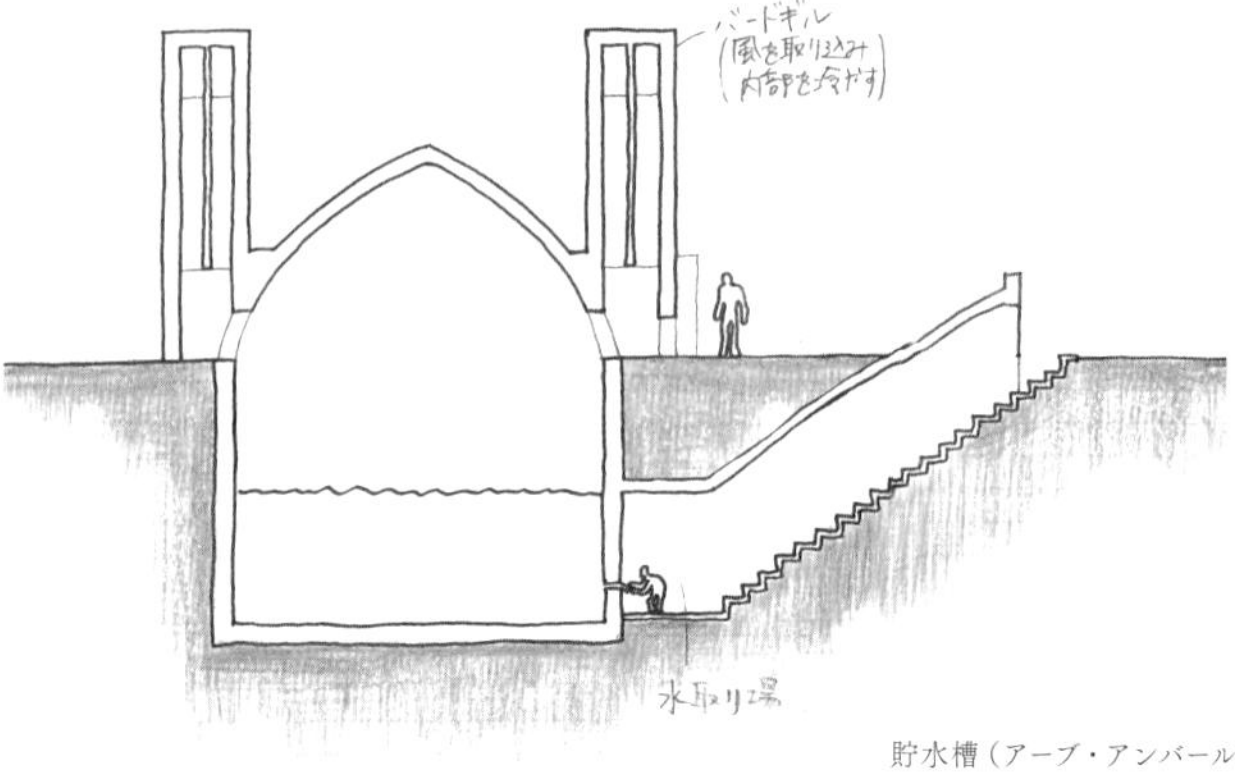

貯水槽（アーブ・アンバール）の断面図

貯水槽の地上部分

り付けられた取水口を自慢げにケータイで照らして見せた。今は生活用水として使われていないように見えたが、先ほどの工事現場の水はここから引いてきているらしかった。ここでは、穴を開けるのは地上高くか地下と、徹底的に地上付近が避けられていることがわかる。バードギールを下から覗くと、塔の断面は十字に分けられていた。一方の穴から風を受け、中の壁に沿わせて下に導く工夫なのだそうだ。

実はこのバードギールは、貯水槽以外にも伝統的な住宅や公共施設に広く使われ、ヤズドの町の景観をかたちづくっている。塔のデザインは多様で、ヤズド郊外の町Meybodでは、北を向いて並ぶバードギールたちが風の吹いてくる方角を知らせてくれる。その姿には、巣の中で口を開けて待っているツバメの赤ちゃんのような愛らしさがある。

ヤズドの建築は、地上の厳しさから身を守るために壁で囲い、地下にもぐり（地下水路、貯水槽）、上を向き（中庭）、さらに高い位置に穴を開ける（バードギール）ことで成立している。とりわけ窓や開口部に注目すれば、それはどれもこれも「砂漠で呼吸する」ための発明であったことがわかる。

思えば中国のトルファンで見た「浮いた屋根」も同じように、砂漠で呼吸する方法のひとつであった。イランを民族のルーツにもつタシュクルガンの人々の家

バードギールの内部

同じ方角を向くバードギール群（Meybod）

に開けられた天窓は、中庭が気候風土に対応して姿を変えたものといえるかもしれない。

そう考えれば、こうした砂漠の息づかいをめぐる知恵は、僕たちの想像を超えて多様に形を変え、世界にちりばめられているのだろう。

キャラバンサライのある町・Saryazdを村の端まで歩いていくと、その先にはどこまでも砂漠が広がっている。その手前のかろうじて農地に見えなくもない空地に、バケツを頭にかぶった「かかし」がぽつんと立っていた。イランにかかしがいるかどうかなんて考えたことがなかったが、イランにもかかしはいるのだ。日本のそれとあまり変わらない姿で立っているのを見ると、人間のすることなんて大した違いはないんだなと思う。ずいぶん遠くまで来たと思っていたけれど、この土地もやっぱりそんなに遠い場所ではなかったのかもしれない。

イランにもかかしはいる

14

ずれる窓

マースーレ

Marsule

Marsule

イラン北部・ラシュトの歴史博物館を見に行った日、人が少なかったこともあってか、高床の家について知りたかった僕をスタッフや研究者、建築家など色々な人が助けてくれた。その中の一人、エンジニアのシャヘロムという50歳手前の寡黙なおじさんは、とくに親切にしてくれた。食事をご馳走された後、家に招かれお茶を飲んだ。さらになぜか彼の弟の職場にまで連れていかれ、異国の友人として紹介された。日本人が珍しいからというのもあるだろうが、彼らの優しさや無邪気な好奇心は、僕がイラン人を好きになる十分な理由になった。

シャヘロムはさらに、山あいの村に連れていってくれると言ってきた。さすがに優しさがすぎないかとも思ったが（僕は東京で偶然会ったイラン人を高尾とか秩父とかに連れていけるだろうか?・）、一人でイランの山の方に行く手段も少ないし、ここは厚意に甘えることにした。

翌朝、宿まで迎えに来てくれた彼の車に乗って、さっそく山へ向かう。ポプラ並木の続く郊外の道を進みながら、車内で色々な話をした。日本がバブルのときにイランからの出稼ぎが多かったこと、みんな帰って来てリッチになったこと。現在のイランにはアフガニスタンからの労働者が多いこと。僕がイランに来て一番驚いた「男性用トイレに小便器がない問題」について聞いてみると彼は、「立ち小便は禁止されている。立ち小便をすると老いてから尿管結石になる」と教えてくれた。まったく聞いたことのない話だ。世界はやっぱり広いなと思った。

1時間と少しかけて、マースーレという村に着いた。2000年くらい前から存在するといわれる村で、急な山あいに段々と住居が建てられる独特の街並みから観光地としても有名だそうだが、訪れた冬の朝にはあまり人の気配がなかった。村は、黄土色の組積造の四角い住居が山の傾斜に沿ってぴったりと付着している光景として広がっていた。長い時間をかけて大地と渾然となったそのあり方は、ラルンガル・ゴンパの僧侶の家、もしくは北インドのチベット人たちの家を思わせるものがあった。木造で架けられた陸屋根はその上に立つ家のテラスもしくは道になり、それがところどころ橋でつながれたり、何軒もの家がひとつの長い大屋根を共有しているような部分もあった。

このように「離れがたいひとつの景色」になっている建物群は、たとえば東京の住宅街のように土地の範囲がしっかりと決まっており、法律を守った上であれば自由に建てていい、そういう概念を前提に建てられたものとは根本のところで違っているように思う。この村ではそれぞれの住居は物理的に付着しており、隣近所に絶対に迷惑をかけざるを得ない状況にある。それは石やレンガを積んだ組

屋根が道になっている

マースーレの全景

積造であることに起因しているのかもしれないが、とにかくそれが人々の意識にも大なり小なり影響を与えているだろうことは、容易に想像がつく。

建築的にはその屋根と道の関係はとても面白いのだが、僕はこの村では、窓について色々と考えさせられることになった。

建築が壁や柱、屋根などの主要構造部とそうでない部分に分けられるとすると、窓は後者を代表するものといえるだろう。この村で見た住居の立面は、建築から窓がいかに独立しているかを考えさせるものだった。

たとえば、3つの住居がくっついたような日干しレンガの家の立面には、色も形もバラバラな木枠の窓が表情豊かに嵌め込まれている。八角形の色ガラス、日本建築の唐破風（からはふ。上部に丸みをつけた造形をもった破風）を思わせる曲線、浮き彫りの板窓など、そのデザインのバリエーションからは時間的な、そして文化的な厚みが感じられる。

他にも村の窓には様々な意匠が施されているが、イスラムの村らしく幾何学文様の装飾が目立つ。木製の細かな格子窓は「マシュラビーヤ」というイスラム建築特有の窓で、外からの光を柔らげ、風を通し、室内の女性が安全に外を見られるようにするなど、複合的な機能のために生み出されたものといわれている。それはエジプトの住宅で普及していたものらしいが、インドの宮殿でも石板を細か

マースーレ村の様々な窓

く彫って同様の機能をもたせた窓が残されており、イスラム世界に広く行き渡っているデザインである。山あいの村にもイスラムの伝統はしっかりと息づいているようだ。繊細な窓の装飾は、黄土色の鈍重な泥塗り面に個性を与えるには十分な存在である。いやむしろこの村では、窓くらいしか他との差異をもたせられる部分はないようにも見えた。

さて、今までこの本の中で触れてきた窓は、天井の穴、扉、柱間《はしらま》、中庭なんかも窓として広く捉えたものだったけれど、この村で見た窓は、普通に頭に浮かぶような「窓枠をもった窓」がほとんどであった。今回はそういう窓について、とくにモノとしての窓枠について、正面から考えてみることにする。

そもそも構造部分には、石を積んだり木を組んだり並べたりと、自然の中にある材料をある程度そのまま利用することができる。それに対して、はじめから窓の形をした石は残念ながら転がっていないし、窓の形をして生えている木もない。窓が窓として成立するためには、そこに人の手が大きく加わる必要があるのだ。それは本質的にとても人工的な存在といえる。

さらに窓を構成する材料が調達できない地域では、窓こそが外部文化が流入するひとつのきっかけとなるだろう。この村も刃物の生産で栄えた歴史があり、そうした交易によって外部から流通品としての窓が入ってきたとも考えられる。チベットのラルンガル・ゴンパで見た僧侶の家には、セルフビルドによるあずき色

左：路地と多様な意匠をもつ窓

複数の家が隔壁を共有しているため、その境界は曖昧である

のログハウスの中に、大量生産品のアルミサッシがギラギラと並んでいたのだった。

山の南側斜面に、ひなたを求めるように密集した住居の中には、隔壁を共有しているため個々の家の境界がわからないところもある。しかしそれぞれに異なる意匠の窓は、そこに違う部屋がある、もしくは違う人が暮らしていることを物語っている。

一通り村を見た後、シャヘロムと僕は村を一望できるチャイハーネに入った。静かな山を眺め、チャーイを飲みながら水タバコを嗜むのはとても気持ちがいい。しばらくするとシャヘロムは、「ちょっと失礼」と言って村のモスクへ消えていった。礼拝の時間らしい。出先にも礼拝する場所があるというのは、けっこう便利だなと思う。時間ができた僕は、引き続きぼーっと村を眺める。

窓が構造と切り離されていることにもう少し踏み込んで、その「更新」について考える。窓は住居が建てられるときに同時に嵌め込まれるのが普通だろう。しかし毎日開閉し、人の手に触れる窓は壊れることも多いはずだ。構造体が壊れるより先に窓を替えなければならない状況は容易に想像がつく。あるいは逆に、災害による損傷、家族の拡大などによって家自体を建て替える際、壊れなかった窓枠が新しい家に転用されることももちろんあるはずである。

つまり構造体と窓は、年月を経て更新を重ねるほどにその同時性を失い、「ずれた」時間軸の中で共存することになる。僕が今チャーイを飲みながら眺めている、様々な窓が同居するマースーレ村のこの景色は、そのようにして生み出されているのではないだろうか。僕はこのバラバラな、「ずれた」景色に魅力を感じているのだ。逆にそこには、古くから持続する集落・建築のひとつの価値を認めることもできるはずだ。

帰って来たシャヘロムと再び村を歩いていると、30年に一度の屋根の修復作業をおこなう村人たちに出くわした。彼等曰く「築600年」というこの家は、屋根と同時に2階の窓の一部が修理されているところだった。その壁厚は60㎝から1mほどにもなり、それぞれの窓枠の種類によって入ってくる光の違いを感じられる。室内には東ギーラーンで見た奇妙な「くぼみ」を思わせる、凹んだだけで開いていない窓もあった。ときに窓には「埋められる」という末路も待っている。

偶然出くわした工事風景も、こう考えるとひとつの家の歴史に立ち会っている気持ちになってくる。まさにこの家では、構造部から「ずれて」ゆく窓が生み出されている最中なのであった。

マースーレの家内部

時間軸の「ずれた」窓が住居に差異をもたせる

今まさに窓が「ずれて」いっている家

15

宗教と街

エスファハン

Isfahan

Isfahan

イランは初めて訪れたイスラム教の国だったから、少なからぬカルチャーショックを受けた。通りを歩く人のほとんどが男性で、街中のバスは男女の乗るエリアが明確に分けられ、男子便所には個室しかない。イランで多数派のシーア派には1日3回の礼拝があり、それを知らせるためのアザーンが街中に大音量で響く。数字でさえ見たことのない表記で、さすがにこれは必死で覚えた。イランではイスラムというひとつの世界観が、生活の大きな部分を形づくっていた。

そんな異世界に飛び込んでも、人はどうにかして生きていけるから不思議だ。ペルシャ語もわからない僕は、それでもケバブを食べ、チャイハーネで休み、平気でバスに乗って何百km も離れた都市に到着できてしまう。

『イスラーム都市』（ベシーム・S・ハキーム著）によれば、イスラムの土地利用や建築は歴史的に、コーランやハディース（預言者の伝承）を根底とした非常に細かなルールによって成り立ってきた。その背後にある中心概念は「害」だという。つまり、人に害を与えない、あるいは受けないようにするための「調停」として、道幅、入り口の位置、窓の高さ、排水の方法までが厳しく定められているのだ。これは大勢が集まって平穏に住むための工夫であり、そのようなルールの痕跡が歴史的な都市の中には現在も残っている。「アッラーへの信仰」「厳しい戒律」という印象しかなかった僕にとって、この事実はイスラムへのイメージの変更を迫るものだった。彼らの世界観は、人智を超えた信仰の世界であると同時に、向こう三軒両隣の人々とうまくやっていく方法を教える生活思想だったのである。こういう目で街を見てみると、それはまるで厳格なルールによって彫り出された彫刻のように見えてくる。

たとえばイランの住居の多くの窓は高い位置につくられているが、これは外から「覗かれる」ことを防ぎ、中にいる人のプライバシーを守るためだ。イランの住宅地を歩いているとき、いつも感じていた土色の壁の「のっぺり感」。「愛想のない街並みだな」程度に思っていたその景色は、互いに害を与えないための工夫から生み出された合理的な結果だったのである。そういえば、ヤズドで見た「呼吸する」穴、それに中国のイスラム地域であるトルファンの「浮いた屋根」も、砂漠という環境に加えこのプライバシーの観点から考え直してみると、納得するところが多い。

さらにマースーレ村でも見た格子窓・マシュラビーヤは、とくに外出できない女性が外から見られずに・外を見ることができる、というものであったが、これもイスラムの習慣や気候要因を窓のデザインにまで落とし込んだ例だ。

覗けない高さにある窓（エスファハン）

イスラム都市によく見られる、のっぺりとした壁。雨樋を途中で壁に埋めているのも、水が漏れて「害」を与える、もしくは逆に樋を壊されるという「害」を受けないためか（エスファハン）

中庭に面したマシュラビーヤの開口部を中から見ると、その効果はよくわかる。扉の開いた出入り口に比べ、それは外からの光を大きくやわらげ、もわっとした柔らかい明るさを作り出している。この細かな文様は、人の視線だけでなく、刺すような太陽光から「害」を受けないための工夫でもあるのだ。障子に親しんできた日本人にとって、これは意外と馴染みのある感覚かもしれない。

一方でこの強い太陽光は、ときに宗教空間の象徴性を際立たせる。9世紀から造営されてきたエスファハンの金曜モスクに11世紀頃付加された「ゴンバデ・ハーキ」というドームは、そのプロポーション、正方形平面から円形ドームへ移行する構造（スクィンチという）の巧みさ、レンガとテラコッタによる統一感のある装飾で、ペルシャ建築史上の傑作といわれている。『ペルシア建築』（A・U・ポープ著、石井昭訳）では、「これは現存する最も完全なドームと言えよう。……あらゆる構成要素が入念に吟味し尽くされ、さながら完璧な一篇の詩のごとく、非の打ちどころのない統一体」と絶賛されている。

僕がこのドームを見たのは太陽の照りつける昼間であったが、誰もいないドームの下は真っ暗で、外の世界から切り離された静寂に満たされていた。その静寂を見下ろすように高く浮かんだドームに目を凝らしていると、人間の集中力を刻みつけたような文様が浮かび上がってくる。その文様は大きな星のように見える。

レンガを2段ずつ、ずらして積んだシンプルなマシュラビーヤ

光をやわらげるマシュラビーヤ（エスファハンの金曜モスク）

エスファハンの金曜モスク内、ゴンバデ・ハーキのドームと差し込む光

ゴンバデ・ハーキの複雑だが統一的なディテール

そしてドーム側面に開けられた小さな窓から、嘘みたいにはっきりとした光線が差しているのだった。その光の帯に触れた空気中の埃でさえ、何か宗教的な啓示であるのかと錯覚させるくらい、意図的に切り取られた光だった。

エスファハンは11世紀にセルジューク朝の、16世紀にはサファヴィー朝の都が置かれた重要な都市（その都市の大きさから「世界の半分」とまで言われたという）であった。街の中心の、およそ400年前に作られたイマーム広場に行ってみる。歴史建築とバザールに囲まれた巨大中庭といった感じの広場には、家族連れのイラン人たちがたくさんいた。子どもたちは走り回り、親たちは芝生に座り込んでピクニック、400年の歴史なんて関係ないわよという顔をして自由に過ごしている。観光客相手にタイルや皿や布などを売っているバザールを覗きながら歩いていれば、すぐに日が暮れてしまう大きさだ。なにせ510×160mもあるのだ。長方形の広場としては、上野国立博物館向かいの噴水広場が思い浮かぶけれど、ここの大きさはその2倍以上、それをバザールやモスクが取り囲んでいるのだから、雰囲気もまったくちがう。上野ではそんなに「我がもの顔」で座り込んでいる人は多くない気がする。ここには歴史や国家といった大きな物語と矛盾することなしに、親密さが満ちている。歴史的に広場を持っていた民族というのは、その使い方も心得ているものだなと思う。

広場に面するイマーム・モスクでは、その海のように深い青タイルの美しさに圧倒される。メッカの方向を向くために広場に対して角度を振った、その先に何があるかわからない入り口に吸い込まれるように入っていく。モスク内部のタイル文様の華麗さは、人の手で焼かれ、一枚一枚貼られたものとはちょっと信じられないくらいの完成度である。エスファハンはこのタイルでも世界的に有名な街だ。

モスクの中庭に座っていた、頭にターバンを巻いたイスラムの生徒（34歳）と会話をした。ここでは先輩にあたる聖人が生徒の生活費を出して、まじめにイスラムについて学ぶ宗教学校のようなものが存在するらしい。彼は若者の宗教離れを憂えていた。そりゃあ婚前恋愛が禁止される世界なんて、若者たちには受け入れがたいはずだ。でも彼によれば、みんな結婚すれば宗教に戻ってくるのだという。やっぱり恋愛が主な理由なんだろうかと想像する。せっかくこんな人に出会ったのだから、他にも質問してみることにする。

「日本人は木や石にそれぞれ神様がいるって考えるんだけど、理解できる？」

「イスラムでも、木や石がアッラーを表象するものとして考えることはある。でもそれ自体が神様っていう感覚はやっぱりないね。理解できない」

彼はそれでもおだやかな口調で、「理解できない考えを持つ民族」である僕の話を聞いてくれた。そのおだやかさは、とても気持ちがいいものだった。何かを

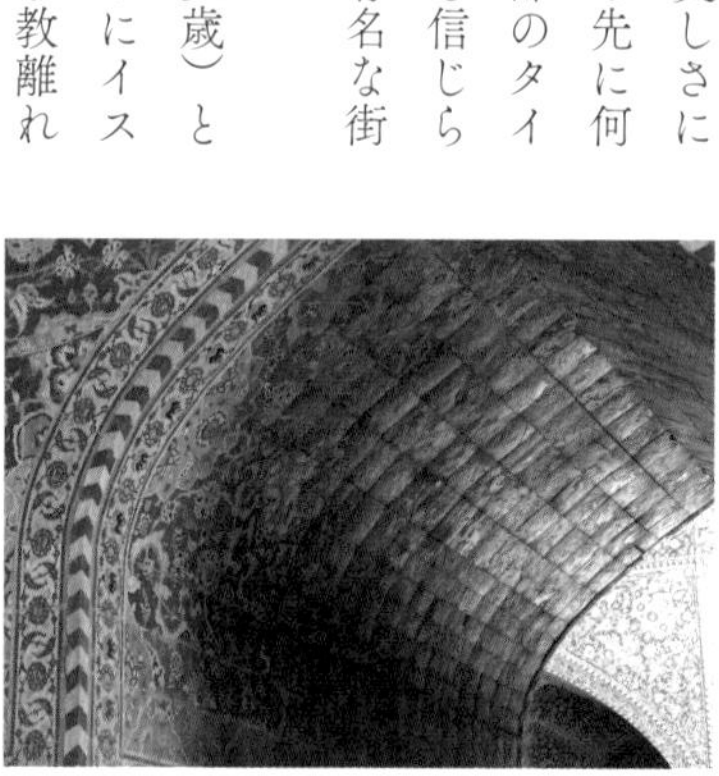

イマーム・モスクのつややかなタイル

イマーム・モスク　角度のついた入り口

次項：内部の装飾と連続するシェイフ・ロトフォッラー・モスクの開口部

タイル細工をマシュラビーヤ化する

信じるということは基本的に、人をおだやかにするものなのかもしれない。

さらに広場に面した17世紀のシェイフ・ロトフォッラー・モスクには、先のゴンバデ・ハーキとは違った雰囲気のドームがある。黄色と青のタイルで埋め尽くされたドームはその下部に多くの窓があり、とても明るい。楽園のような一体感がある。ゴンバデ・ハーキを荘厳と表現するなら、華麗という言葉が似合う。

注目すべきは、その窓をタイル文様で「マシュラビーヤ化」することで、壁面を埋め尽くす装飾を壊すことなく、開口部と壁面を融け合わせることに成功していることだ。マシュラビーヤは近世にもなるとその機能を超えて、自由に装飾として発展していったのだろう。

さらにマシュラビーヤの行方を追ってみる。エスファハンから南下した都市シーラーズにある、19世紀に建てられたナスィーロル・モルク・モスクでは、木製のマシュラビーヤにステンドグラスが組み合わされていた。そのフォトジェニックさは、現在も休むことなく観光客をモスクの中に吸い寄せ続けている。僕の訪れたときは、中国から来た団体客が、ステンドグラスから落ちる光の中に一人ずつポーズをとって座り、みんなで囲んでひたすら写真を撮るというのを30分くらい繰り返していた。このステンドグラスを作った職人も、こんなことになるとは夢にも思わなかったろう。しかしこうした撮影会が開かれている現代の様子

マシュラビーヤと組み合わされたステンドグラスと、観光客の撮影会（シーラーズ）

も、このモスクの歴史を飾る一コマとなるのだろう。記念に写真に収めておいた。

シーラーズの夜、街の大きなモスクに出かけてみると、大勢の地元民が靴を脱いで、コーランを片手に瞑想に耽ったり、友達とおしゃべりしたり、あるいはウトウトしたりと、気ままな時間を過ごしていた。イスラム教を生活の基盤とする彼らには、こうしていつでも自由に出入りできる、大きな屋根の下の空間がある。それは考えてみれば、けっこうすごいことなんじゃないかと思う。自分の、たとえば東京の生活を思い返してみて、こんな空間があったかと考えると、それはない。もちろんイランにはイランの問題がたくさんあるのだろうけど、現代人が都会で感じる孤独や苦しみのうちのいくらかが、この街には少ないんじゃないか、そう思わせる夜だった。

このモスク、のっぺりとした住宅街、そこここに残るマシュラビーヤ……イスラムの街の人々は、同じ世界を共有し、その全体に参加しているという感じがする。「害」を基本概念のひとつに据え、厳しく定められたイスラムの戒律の一端に触れてもなお、異国から覗きにきた僕には、それが少し羨ましくも思えた。

夜のモスクで思い思いに過ごす人々（シーラーズ）

16

地球のお腹の中

ペトラ

Petra

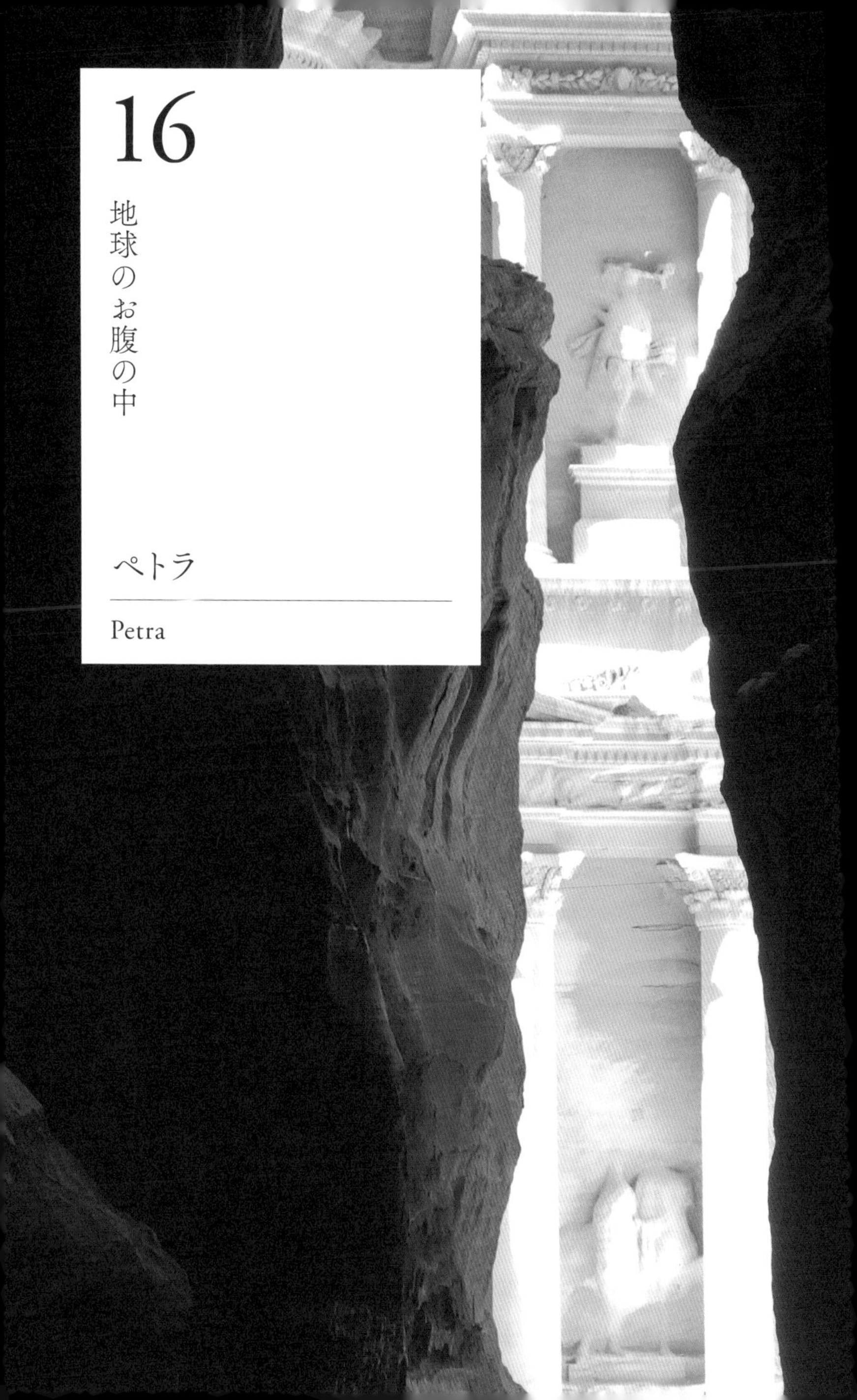

Petra

ひと月ほど滞在したイランに別れを告げ、ヨルダンに飛んだ。1週間しか日数をとれなかったこともあり、この国についてはあまり調べていなかった。飛行機の中で基本情報を読み直す。

クィーン・アリア国際空港に着いた頃、僕の荷物はまだドバイにあった。今夜中に宿まで届けるから安心しろ、とエミレーツ航空のスタッフは余裕の顔で言っている。旅を始めた頃はこんなトラブルがあると慌てていたのだが、もう慣れっこである。今までとくに書いてこなかったが、インドでも同じような空港トラブルは経験したし、タイのバス会社に不当な値段でカンボジアビザ発行料をだまし取られかけたこともあった。東チベットの安宿では夜中に隣の部屋の天井が音を立てて崩れ落ち、イランの雪山で遭難しかけてヒッチハイクをしたこともあった。荷物がドバイにあるとわかっているだけでも、とても幸せなことじゃないか？

僕は「ああそう、しっかり届けてね」とエミレーツの兄ちゃんに宿の住所を渡して、身軽な格好で首都アンマンへと向かった。

アンマンは建物がごちゃついて大して見るものもないと勝手に思っていたのだが、ゆるやかな石灰岩の丘をなぞるように建つ、石灰岩と同じ色をした建物群は

アンマンの建物群。石灰岩の色をしている。どことなくラルンガル・ゴンパに似ている

アンマン市内とローマ劇場

すごくきれいだった。強力な酸性雨が降ったら、たちまちとろけてなくなりそうな街だ。その密集具合は僕に、チベットのラルンガル・ゴンパを思い出させた。集落と都市が、断絶せずに連続しているような景色。街中に突然現れる石灰岩の岩肌は、隠しきれないこの都市の正体である。

ここにはローマ時代の劇場跡が、堂々と残っている。丘の足元をえぐりとったような階段状の半円部分には、現地の若者たちが座り込んでおしゃべりしたり、タバコを吸ったりしている。何も躊躇することなく1000年単位の遺構を普段使いできてしまうところが、石造文化の良いところだと思った。この街のローマ劇場は、けっして過去の存在ではないのだ。

アンマンを後にして、ペトラ遺跡のある町、ワディ・ムーサへ向かった。

旅行中、色々な国でいくつも遺跡を見てきた。それらは現代の生活からかけ離れたもののようではあるが、その構築物をつくった人もおそらく自分と大して変わらない姿だったのだろうし、どうつくったのか、それがどんな意味を持っていたのかと興味は尽きない。想像力を刺激する、という意味で遺跡は、そして過去と呼ばれるものたちは、現在でもれっきとした役割をもっていると思う。

しかしヨルダンの古代遺跡・ペトラでは、構築物というよりむしろ「岩石」としての存在自体が強く心に残った。

アンマンに似てゆるやかな石灰岩の丘でできた小さなワディ・ムーサの街から

しばらく外れに歩いていくと、広大な地形の中に隠された遺跡への唯一の入り口がある。この総延長1kmを超える細くうねった峡谷は、「シーク」と呼ばれている。

多くの観光客にならって、僕もシークに吸い込まれていく。見上げると両側の崖に切り取られた青い空が見え、海の底にいるような感じがした。この自然の要塞によってペトラは、19世紀まで外部の人間に「発見」されることがなかった。

シークを抜けると、赤い砂岩の崖に囲まれた谷底の広場のような場所に着く。正面の崖には、この遺跡で最も有名な建築のひとつである「エル・カズネ（宝物殿）」が鎮座している。コリント式の柱や装飾・神像など、ヘレニズム（ギリシャ風文化）の影響を受けた神殿が、崖の岩肌からそのまま彫り出されている。建築というより、彫刻だ。この建物を前にして、いよいよここから遺跡を巡るぞ、と観光客たちは意気込んでお茶を飲んでいる。

ヘイチャイニーズ、ラクダに乗っていかないか？　と聞いてくる大人びたベドウィンの少年につきまとわれながら（彼らは東洋系の旅行者をみんな中国人だと思っている）、僕も一人で歩き出す。

すべてを見て回ろうとすると丸1日以上はかかる広大な遺跡を進むにつれて、周囲の砂岩は徐々に赤みを増していった。その一部は流れるような白い文様をもち、鉱物というより本マグロの中トロみたいに見える。とにかく美しい。こんな岩石が存在するのか、と思う。触ってみると、パラパラと砂が落ちた。今まさに

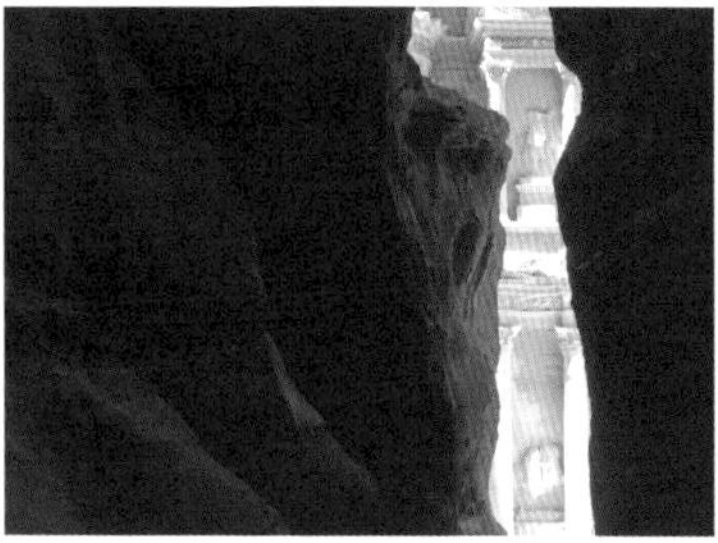

シークを抜けたところに、エル・カズネ（宝仏殿）が覗く

ペトラの入り口、シーク

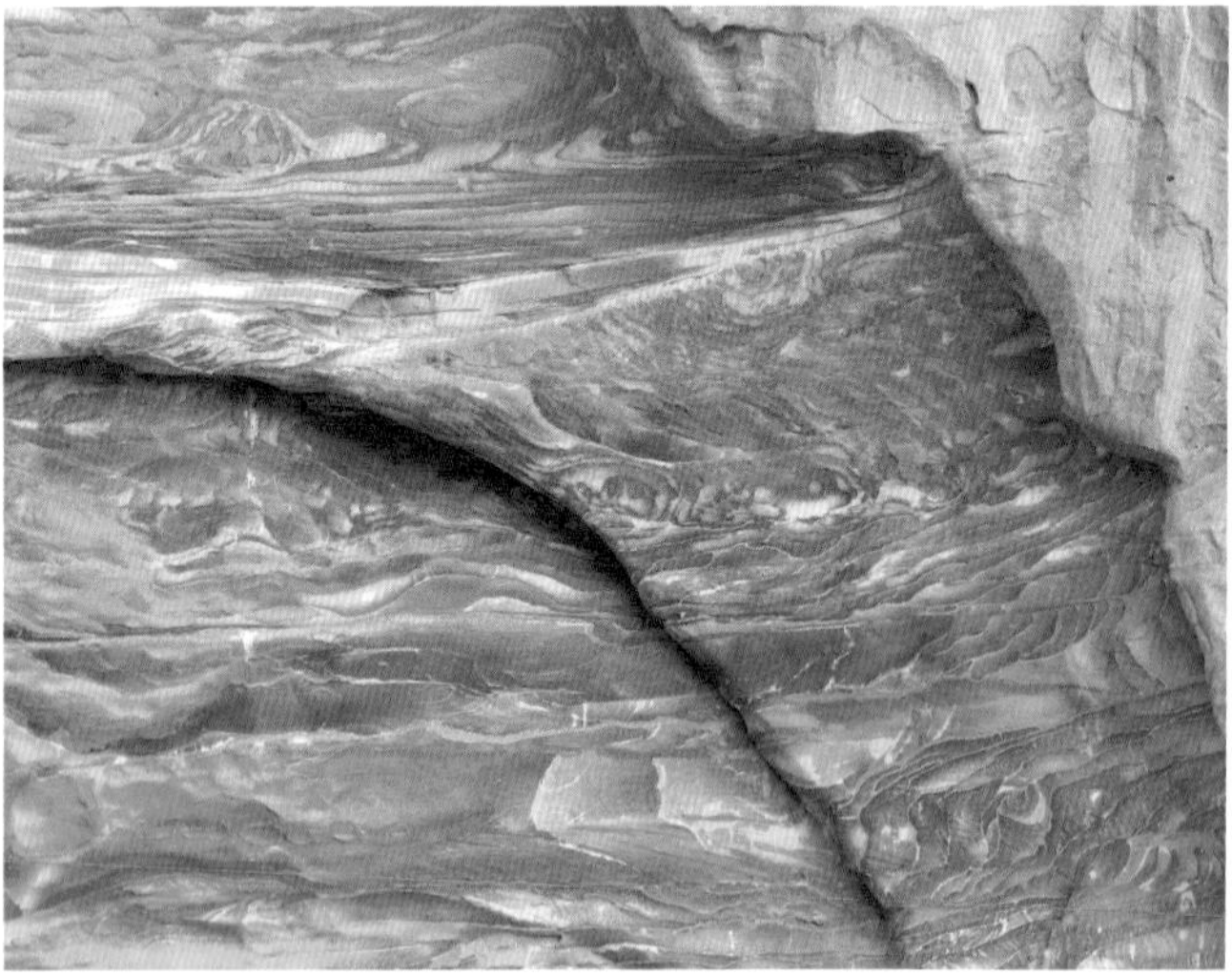

本マグロのような砂岩

ゆっくりと崩れていきつつあるようだ。

ペトラ遺跡をつくったナバテア王国は、紀元前12世紀頃からここに住んでいたエドム人に代わって、紀元前2世紀にこの場所を首都とし、交易の中継地として栄えたといわれている。遺跡の多くは「〇〇の墓」や「〇〇神殿」と名付けられているが、実際にはいまだわからないことがほとんどらしい。その建築にはヘレニズムの影響があり、紀元前1世紀頃にローマの支配が及んでからは、アーチや列柱などのローマ様式も濃厚に見られるようになった。

ファサード通りと呼ばれる場所には、墓と考えられている建物、というかファサード（建物正面の立面）が並ぶ。それを建物と呼ぶか迷ってしまうのは、そこにはほとんど立面しかないからだ。内部空間といえば、正面に開けられた小さな穴の中にある洞窟のみである。立面上部には階段状の彫刻が彫られ、柱や屋根のような装飾を持つものもある。風化の進む古そうな遺跡はもっとシンプルで、階段状の彫刻、水平線、四角い穴の他には何もなく、ただきれいに削り出した岩石の面が強調されている。様式じみた柱や三角屋根の装飾は、時代を下るにつれて付加されていったものなのだろう。

さらに進んでいくと、もう少し規模の大きなものが現れる。たとえば「兵士の墓」。砂岩から削り出した神殿型のファサードが、建物の外観を特徴付けている。窓のようなかたちをした3つのくぼみには、それぞれ兵士の像が掘り出されてい

墓のファサード、スケッチ

シンプルな墓

る。ファサードに窓はないが、よく見ると両脇の奥まった場所に穴が開いている。

中に入ってみると、その2つの穴と真ん中の入り口から、2階建てほどの高さのガランとした洞窟に光が差し込んでいた。どうやら外観と内部空間の幅が一致していないらしい。一説によればこの内部は、この2つの穴を徐々に掘り下げていくことで、足場を設けずにつくることができたのだという。内と外をつなぐ重要な「穴」は、ここでは「窓」としての地位を得ることなく後ろでこじんまりとしている。一方、外観上重要なのは3つの窓「のような」かたちのくぼみである。ここで思い起こすのは、日本で関東大震災後に発生した、建物の正面だけを装飾した店舗兼住宅である。建築史家の藤森照信はそれらを「看板建築」と名付けたが、ペトラのこれは古代の看板建築のようなものだと言えるかもしれない。

しかしペトラ遺跡の中で最も印象に残ったのは、「壺の墓」と呼ばれる遺跡であった。こちらのファサードも「兵士の墓」と同じく柱や彫刻が掘り出されたものので、ローマ時代のアーチも加わって賑やかである。しかし中に入ってみて、驚いた。後世になって教会に転用された際のくぼみを除けば、石を垂直・水平に切り出しただけの完璧な直方体の、がらんどうなのだ。ここまで装飾がない遺跡も珍しい。まるで工場に積まれた石材を見ているようだ。一切の装飾を排した空間の一方で、そのスパッと切られた岩石の断面には、気の遠くなるような大地の運

「兵士の墓」ファサード

「兵士の墓」内部

「壺の墓」ファサード。下部はローマ時代のアーチ構造物

DON'T TOUCH

丘の上の石切り場に残るオベリスク

前項：「壺の墓」内部

動により織り成された文様が、穴から差し込む光によってはっきりと浮かび上がっていた。それはまるで地球のお腹の中を覗いたような感覚だった。

華やかなファサードと、無装飾の内部。一見すると重要なのは前者で、内部はただ機能的な理由から生み出されたもののように見える。実際、ペトラ遺跡はヘレニズム・ローマの影響を受けた彫刻的建築で有名なのも事実である。しかし僕はこの「壺の墓」の内部にこそ、古代ナバテア人のやらずにはいられなかったことがあるのではないかと思った。それは具体的なかたちを持った装飾をつくることではなく、大地から、このおそろしいほどの文様を表出させることである。それこそが、彼らにとっての建築行為だったのではないか。

遺跡の説明板には、「ナバテア人は元々、神を表すのに偶像をつくらず、石板やオベリスクを用いて祀っていた」とある。なるほど、彼らは砂岩の美しさを前にして、神の「形」を考える必要がなかったのかもしれない。いわばアニミズムだ。そう考えると、石板のように面を強調した装飾の少ない「墓」も、石切場に残されたオベリスクも、風化した岩山から文様を、人間のつくりだせない大地の美しさを表出させようとした結果に見える。それは華やかな形態や装飾を必要としない、受動的で、とても独特な建築文化だったと言っていいと思う。

シークを通り抜けて、遺跡に入って来たときに感じた砂岩の美しさ。それを古代人たちも同じように直感したのだということが、彼らの残したものから伝わってくる。僕の考察は、あるいはまったく間違っているかもしれない。それでもそのとき僕は、2000年前の人々と、ほんの少しだけ心を通わせられたような気がしたのだった。

ヘイチャイニーズ、ロバに乗っていかないか？

ベドウィンの少年にとってもこの遺跡は、過去の存在じゃないのかもしれない。徒歩と同じくらい遅いロバにしぶしぶ乗らされて、僕はゆっくりと、僕の現実に戻っていった。

崖の足元に削り出された墓群

17

アーチに向かう

カイロ

Cairo

Cairo

ヨルダンから飛行機に乗って、エジプトのカイロに着く。初めてのアフリカ大陸だ。大抵の首都がそうであるように、カイロは人が多い。そしてこの街の印象として間違いなく旅行者の記憶に刻まれるのは、その交通事情だろう。僕はけっこう色々な都市を旅行してきたけれど、この街は本当におそろしかった。道路を歩いて向こう側に渡りたかったら、強引に渡ろうとしない限り、日が暮れるまで何百台もの薄汚い車を見送ることになる。歩行者に道を譲ろうなんて考える人は、僕の見た限りではこの街にはいないようだった。クラクションはいつまでも鳴り止まない。

人口2000万人に及ぶ大都市で、ナイル河が地中海に注ぐデルタの付け根に位置するカイロ。その元になったのは、10世紀のファーティマ朝によって築かれた「アル・カーヒラ」という街だった。現在では、その中心部は中世イスラム建築の集中する地区「イスラミック・カイロ」と呼ばれている。

1000年以上にわたり人々の生活が塗り重ねられてきた旧市街であるイスラミック・カイロは、住居、市場やモスクも多く、歴史地区であると同時に現役で人々が使い倒している街でもある。現存する城門のひとつ、ズウェーラ門に登っ

イスラミック・カイロの街並み

て街並みを見下ろすと、モスクのミナレット（塔）と細い街路の続く景色が広がっている。建物の多くは3、4階建てくらいで、建て増した際の作業のゴミみたいなもので屋根の上がことごとく荒れている。街路では車の通行が禁止されているようで、警察は車の代わりに馬に乗っていた。

入り組んだ街路を、安くておいしい昼飯を食べつつ、水タバコ屋なんかを覗きながら歩いていると、通りの角に何やら古そうな石積みの建物を見つけた。

建物は1階に牢獄のような大きなアーチの鉄格子窓をもち、2階に繊細な木造のテラスや屋根が付加されている。少し北インドの「張り出しの村」の建物を思い出させる姿だ。実はこの施設、「サビール・クッターブ」という公共建築で、地下に貯水槽を持ち、1階が給水所（サビール）、2階がイスラムの「寺子屋」に相当する教育機関（クッターブ）というセットでできている。

一体何の必要があって給水所と寺子屋を組み合わせることになったのかよくわからないが、このユニークな施設はエジプト特有のものだと言われている。たしかに水と教育はどちらも必需品であり、都市に暮らす人々のインフラとして重要だったのだろう。イスラムの寄進制度＝ワクフによって運営されていたこの施設は、前近代のカイロではかなり普及して、19世紀にその数は300を数えたという。

1階の給水所では、格子を介して市民に無料で水を配布していた。ナイルから

円形の給水施設（サビール）。独特の庇をもっている

通りの角に、サビール・クッターブ

運ばれてきた貴重な水を人々が勝手に取っていかないように給水夫が管理していたようで、その鉄格子の重厚さはそのまま水の貴重さを表していた。たしかに水を守るという点では、牢獄を逆にしたようなものかもしれない。

サビール・クッターブのひとつが開放されていたので、中に入ってみる。地下の貯水槽から引き上げられた水は、装飾の彫り込まれた石板を伝って落ちてくる仕組みになっており、ここで曝気《ばっき》（浄水処理方法の一種）された水を配っていたらしい。美しいインフラ施設だ。近代以降のインフラ施設とは縁もゆかりもなさそうな装飾・美意識が、中世のカイロでは当たり前のように存在したのだろう。

さらにメインの通りを歩いていくと、通りを覆う巨大な木造屋根に出会った。建物から突き出した木の方杖《ほうづえ》（斜材）で支えられるこの水平木造屋根は、日差しを遮りながらその真ん中には大きな四角い穴が開けられている。大通りに面しているため、大きな門のような役割も担っている。下から見上げると巨大な虫の腹の下にいるような感じがする。とにかく大きくて、しばらく見入ってしまう。

巨大屋根によってできた日陰には露天商が集まり、カラフルな布やら服やらを買い込んだ人々は四方八方に散っていく。その大きな屋根と建物の間には、よく見ると隙間がある。これはトルファンの民家で見た「浮いた屋根」を都市スケールにまで巨大化したようなものだと思った。

吐水口の下の石板を伝って
水は流れる

建物から浮いた屋根。窓は緻密にデザインされている

左：グーリー・コンプレックスを下から見る。買い物する人々でごった返す

通りを超えて向かい合う2つの建物から成るこの施設は「グーリー・コンプレックス」と呼ばれている。当時の権力者、グーリー氏が作ったのだそうだ。モスクやマドラサ（イスラムの学院）、上述のサビール・クッターブ、グーリー氏の霊廟などを組み合わせた複合施設で、16世紀初めに建てられたものだ。

イスラミック・カイロにはこのような複合施設が多く残っている。イスラム教では偶像崇拝が禁止され、聖者を祀るための墓廟は元々なかったらしいが、本来イスラムの教義にそぐわない墓廟・霊廟を他施設と併設することで、公共の場として市民に受け入れやすくしたという面白い歴史がある。

建物は紅白の石が交互に積まれた石造建築で、外観は記念碑的な主張がおさえられ、いびつな形をしている。公共建築として様々な要求に応えながら、街路に合わせて場当たり的に発展したような、人々の入る隙間が残された形だ。

その石造の外皮に大きく表情を与えているのは、窓の存在である。その意匠は様々で、2連アーチのすぐ内側に木枠のガラス窓が嵌め込まれていたり、丸窓が効果的に使われていたり、巨大で力強い屋根とは打って変わった繊細さが印象的だ。

建物の中に入ってみると、その繊細な意匠の徹底に驚かされる。光の降り注ぐ中庭を抜けると、アラビア文字や植物紋がこれでもかと彫り込まれた大きなアーチに突き当たる。500年間の重力のせいか、それはあたかも一枚岩から彫り出

左：グーリー・コンプレックス内部。アーチの後ろにほんのり暗い礼拝室

されたもののように見える。その後ろにはほんのり暗い礼拝室が控え、数人の男性が礼拝をしていた。壁面上部にはヨーロッパのゴシック建築を思わせるステンドグラスとマシュラビーヤが組み合わされた窓、1階には防犯を兼ねた縦長の格子窓。中央のミフラーブ（メッカの方向を示すくぼみ）の周りに目を凝らして見ると、白黒の石が複雑に絡み合っている。植物、動物、鉱物……石で表現でき得る限りの装飾がひしめく様子は、やはり何か人間の「念」のようなものを感じずにはおれない。

500年前の文化財でありながら日常的に露天商が集まり、祈りの場として機能し、そして同時に僕のような旅行者にも開放されている場所というのは、けっこう新鮮であった。この建物に限らずカイロの旧市街には、そういう懐の深さみたいなものが感じられる。それはイスラムの公共のあり方、そこから現れた形と、何かしら関係あるもののようだ。

この魅力的な都市カイロの歴史は、実はもう少し遡ることができる。「アル・カーヒラ」がつくられる10世紀より前、その少し南の方に「フスタート」という都市があった。今では「オールド・カイロ」と呼ばれ、イスラムがエジプトに入って来て西暦641年に初めて拠点とした場所である。それとほぼ同時に、ここにアフリカ大陸最古のモスク「アムル・モスク」も建てられた。イスラムが勢力を広

イスラミック・カイロのアーケード。古い建物を使いたおす

げ始めた最初期の頃のモスクだ。日本で法隆寺が建立された35年後くらいに、このモスクが建立されたことになる。とはいっても、現在の規模になったのは9世紀といわれ、増築、改築、そして破壊を何度も重ねてきた。驚くべきは、そうして様々な変形を加えられながら、ここもいまだに日常的な祈りの場として使われていることだ。

この1300年以上にわたり増改築を重ねてきたモスクはずっと僕の頭から離れなかった。むしろ、僕のモスク観を決定づけた場所がこのアムル・モスクだったと言っていいかもしれない。この旅の後半、中東の旅で僕はイスラムという世界に魅せられてしまったのだけれど、もしここに行っていなかったら、帰国後にイスラム建築についての本を熱心に読み、王朝の流れを追うことなんかなかっただろう。アジアのイスラム国家であるバングラデシュに旅することもなかっただろう。旅とは偶然の連続だが、何かこのモスクとの出会いには必然めいたものがあった気がするのである。

さて、ありがたいことにモスクは大抵誰にでも開かれている。多くの日本人にとっては縁のない場所だろうが、個人的にはキリスト教会よりずっと居心地がいいと思う。ちなみに東京にも「東京ジャーミイ」というトルコ式の立派なモスクがある。

モスクに入るときには、まず足を洗う。手も二の腕ぐらいまで洗い、顔も首も耳も念入りに洗う。清浄な体で祈るのが原則とされているからだ。これを1日3回とか5回（宗派によってちがう）おこなうのだから、彼らは相当綺麗好きだ。そういえば何度かお邪魔したイスラムの家庭は、中国でもイランでもみんな清潔だった。そうしてさっぱりした後は、絨毯の敷かれた礼拝空間に靴を脱いで入る。これも日本人である僕が快適に思える理由のひとつだろう。

アムル・モスクは城壁のように厚いミルク色の壁で囲われた１２０×１１０ｍの平面をもつ巨大なモスクである。中に入ると、約１５０本の石柱が等間隔で連続する森のような空間が、中庭を囲んでいる。これはムハンマドが自ら開いた「預言者のモスク」（ヤシの木の列柱＋シュロの葉の屋根が中庭に面し、日干しレンガの塀が囲んだ簡素な空間だったと伝わる）というモスクの原型に似ており、「アラブ式モスク」と呼ばれる形式である。

初期イスラムは軍隊を伴って急速に広まった宗教であったから、自分たちの建築様式をもつというよりは、その地で手に入るモノをうまく利用することでモスクを建設したようだ。アムル・モスクが拡大していく過程でも、ローマなどの古建築からせっせと取ってきた石柱を相互に連結させることで空間を次々と拡大していった。

こうした古建築の部材の利用はよく見られ、「あり合わせ」の資材と技術をもっ

アムル・モスク外観

て、急増するイスラム教徒の数に対応するための空間を確保した痕跡にこそ、初期イスラム建築の面白さがあるといえる。そしてその痕跡は、エジプトについて言えば、今でもそこかしこに残されている。たとえばカイロのアズハル・モスクでは、ローマやコプト教の遺跡から取ってきた不揃いの石柱を並べ、後から高さを調整した痕跡が見られ、試行錯誤と場当たり的なライブ感がある。挙げ句には、ファラオの時代の巨大石柱を彫り込んでミフラーブにしてしまうのが、彼らの感性である。ルクソールのあるモスクで不意にそれを見つけたとき、僕はちょっと感動した。人々が歴史と呼んで重宝し、「保存の対象」になるようなものが、彼らにとっては、「使える歴史」なのだ。そこには、歴史的存在を借りてきて自らを権威づけするという意味もあるのだろう。いずれにせよこういうエジプト建築の自由さは、旅行して初めて知ったことである。

さてアムル・モスクに着いたのはまだ日の高い、午後の礼拝が始まる前だった。昼下がりのモスクの中には、柱に身をゆだね本を読む人、絨毯に寝転がり昼寝する老人、ひたすら走り回る子どもたち。とくに僕のような旅行者を気にする様子もなく、風通しの良いこの場所で、皆それぞれに、それぞれの昼下がりを過ごしている。中庭と礼拝室を妨げるものは何もなく、ただただ列柱空間がどこまでも続いていている。理想的な昼下がりは、2月のアムル・モスクにあったのだ。

ファラオの石柱をミフラーブ化する（ルクソールで見かけたモスク）

不揃いな古代柱の高さ調節（アズハル・モスク）

内も外もない昼下がり

モスクの柱をじっと見てみると、たしかに柱頭部分のデザインが少しずつ異なっていて、転用柱であることがわかる。各柱の上部にはアーチが架かり、柱頭の上に渡された細い木の梁で互いに結びつけられている。その上には木造の水平屋根がかかっている。このアーチの柱間空間は構造の主役でもあり、同時にすべて、この建築の空間を決定づけている一種の窓、開口部ともいえる。この「窓」は縦横に連続しているため、角度によってその重なりは幾通りにもなる。ある場所では整然と並んだ厳粛な空間に見え、また少し歩くとバラバラな景色が見えたりする。考えてみれば、こうして綺麗にグリッド状に配置された「柱の森」を体験したのは初めてだった。平面図で見て想像するよりずっと楽しい。自分で居場所を発見していく喜びがある。

高く閉鎖的な外壁の上部には、細かなマシュラビーヤが施された窓が開けられる。中庭からの心地よい風は、ここから熱気が出ていくことで実現しているのだろう。

しばらくしてモスク内にアザーンが響き渡ると、寝転がっていた人はむくりと身を起こし、コーランを読みふけっていた青年も本を置き、続々入ってくる男たちの列に加わった。カイロっ子たちの黄色い声も鳴りを潜める。祈るわけにもいかない僕は、少し緊張しながら後ろで様子を見ている。彼らと同じようにアーチに向かってみると、礼拝空間はさっきまでの昼下がりが嘘のように緊張感で満た

柱に寄りかかりコーランを読む男たち

された。

それにしても、こうして大のおとなが横一列に並ぶ様子はちょっと異様に見えた。僕らが普通に生きていてこんな風に並ぶことは、日常ではほとんどない。集合写真を撮るときとか、30人31脚のとき（やったことはないが）ぐらいだろうか。

実はイスラムのモスクは、この大人数で横に並ぶ習慣から、キリスト教会とはまったく別の「横長で奥行きの浅い空間」を発展させてきた。教会のアーチが奥行きを強調するため前へ前へと連続していく構成をとるのとは、まったく異なっている。

それは一説によれば、砂漠の遊牧民が横一列に並んで移動することに起源をもつともいわれている。たしかに「皆で同じ方を向く」ことで、他者との共通の感覚みたいなものが湧いてくるのかもしれない。僕が中東の各地で感じた、憧れにも似たモスクの魅力。それは「何かを他者と共有している」というこの感覚に尽きる。横に連続するアーチは7世紀の昔から、人々に直覚的に祈りの方向を指し示してきたのであろう。

ふと、彼らの足元を見る。敷き詰められた絨毯をよく見ると、小さなアーチが連続していた。一人分の礼拝スペースが、アーチで表されているように見える。柱を結びつけるための構造から出発したアーチは、いつの間にか祈りの方向を示すアイコンとなり、絨毯に織り込まれるに至ったのである。

礼拝の時間が過ぎても眠っているじいさんは、どこまでも広がるアーチの絨毯に身体を預けている。彼を起こさないよう、僕はそっとモスクを後にした。

街に戻ると、あのモスクで流れていた時間が嘘のように騒がしかった。一体どちらがカイロの本当の姿だったのだろう。たぶん、どちらもそうなのだ。とにかく明日もこの街のクラクションは鳴り止まないし、人々はアーチに向かうのだ。

前項：アーチに向かって、礼拝のために横一列に並ぶ人々

アーチが連続する絨毯に眠る老人

18

聖地の生活

エルサレム

Jerusalem

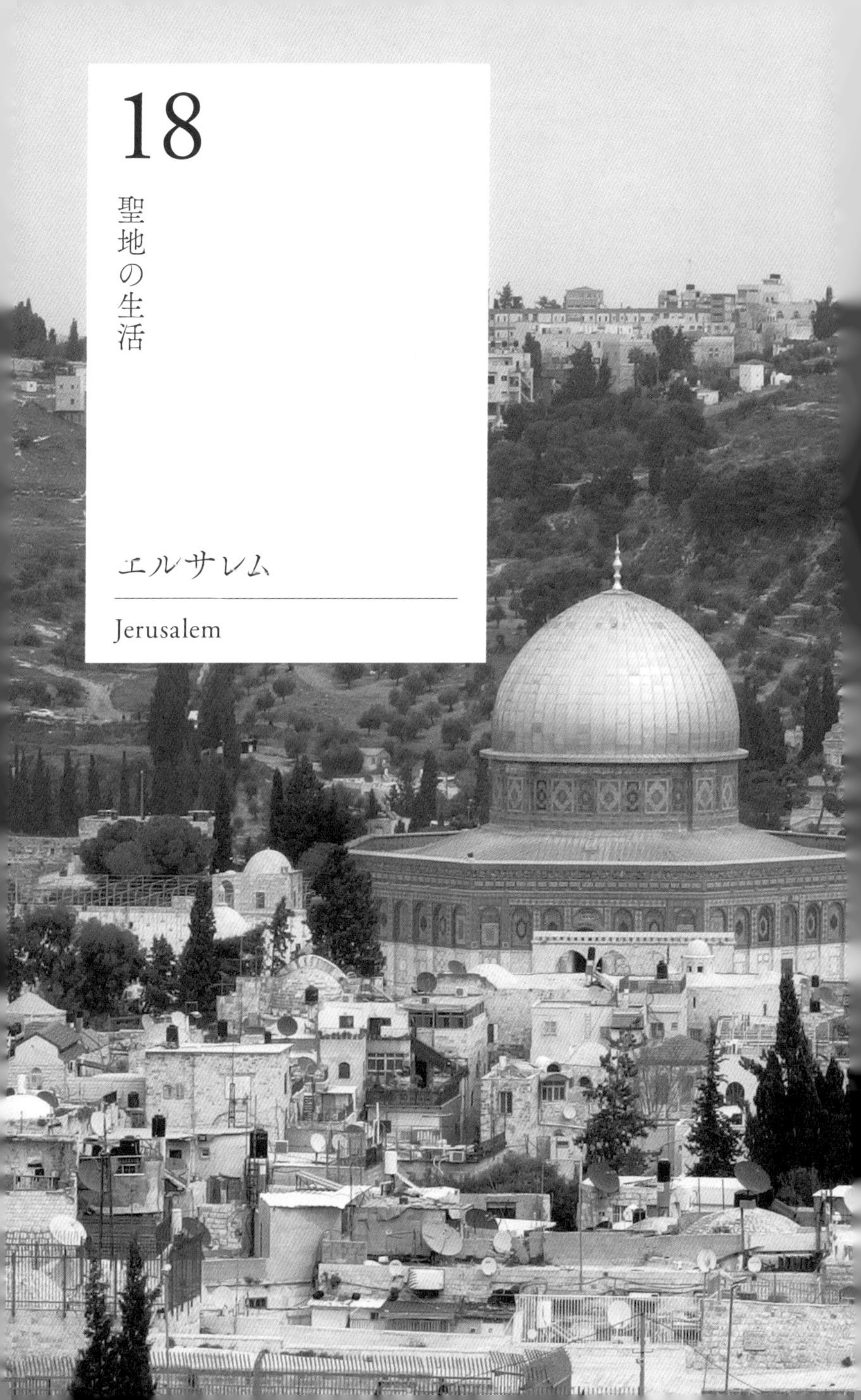

Jerusalem

飛行機の窓から、ミルク色の大地が見えた。中国から西へ西へと向かってきたこの旅。エジプトからまた少し空を飛んで、最後の目的地であるイスラエルに向かっていた。

空港に着いて待っていたのは、長い長い入国検査だった。身なりが相当怪しかったのか、携帯に保存された写真まで確認されて、やっと解放されるまでに3時間もかかった。他の国では経験したことのないそんな入国エピソードも、イスラエルの緊張感を物語っている。

それはもちろん、聖地エルサレムの存在によるのだろう。この国に来たのはもっぱら、世界中の多くの人々の信仰の中心地である、この都市を見るためだった。はるか昔からこの地は数えきれない人々を引きつけ、今でもユダヤ・キリスト・イスラムという3つの宗教のホーリーランドであり続けている。

地中海に面した沖積層に高層ビルの建ち並ぶ大都市・テルアビブから、車で東へ1時間ほど進む。窓越しには、空から見たあの大地が広がっている。土地全体が石灰岩でできているのだ。エルサレムはその丘の上にある。

飛行機から見たイスラエル

旧市街の通り

トラムが走る近代的な新市街の中に、重たい石の城壁で囲まれた地区がある。エルサレム旧市街だ。今もユダヤ教徒、キリスト教徒、イスラム教徒、アルメニア人（世界で初めてキリスト教を国家宗教にした民族）が居住区を4つに分けて住み暮らし、国外からの巡礼者も後を絶たない。城壁の中には、マーケットも土産物店も、住居も聖地も神殿跡もひしめいている。城壁を含めたほとんどの建築物が、その下にある大地と同じ石灰岩を利用してつくられたもののようだ。聖地エルサレムは、ミルク色であった。

たとえばユダヤ教の聖地「嘆きの壁」は、元は紀元前20年頃に再建されたエルサレム神殿の壁だった。1世紀にローマによって神殿が破壊され壁のみが残り、その壁の前で多くのユダヤ人が「嘆く」ことからその名がついた。下から7段目までの大きな四角い石灰岩は元の神殿のものと言われている。その後、様々な時代にさらに石灰岩が積み重ねられて現在の姿になっている。時代が下るにつれて積まれた石が小さくなっているのを見ながら、はたして人間は本当に進歩して来たんだろうか、などと考えてしまう。

近づくと、黒い服・黒い帽子・長いひげ・立派なもみあげという格好をしたユダヤ教徒の皆さん（このような人々を超正統派という）が何やら言葉を書いた紙を石の間に詰め、壁に手を当ててぶつぶつと何かを呟いている。何を呟いているのかはもちろんわからないが、やはりその行為には深刻なものがあるように見

街も神殿跡も墓地も、石灰岩の上に立つ

嘆きの壁の前で輪になるユダヤの人々

ユダヤ人の聖地・嘆きの壁

岩のドームの遠景

える。一方で別グループの超正統派の人たちが輪になって、楽しそうに歌いながら踊っていたりもした。案外嘆くことばかりではないのかな、とも思ったけれど、どちらにせよ彼らの嘆きや祈りの本当のところは、僕にはなかなか理解できないものに見えた。こんなに真剣に何かを信じるというのは、どんな感じがするものなんだろうか。

また、キリストの墓とされる「聖墳墓教会」の地下聖堂など、石灰岩を掘ることで生まれた空間もある。さすがにここも、訪問信者の数が半端ではない。キリストが処刑後に安置されたといわれる赤大理石に口づけをしたり、涙するおばさんなんかもいた。そして僕の周りの人たちが自然にホーリーソングを歌い出したりして、僕はまったく場違いな空気に気まずい思いをした。

さらにイスラムの聖地「岩のドーム」は、ムハンマドが昇天したと伝えられる場所だ。7世紀に建てられたこの建物は、キリスト教の殉教記念堂などに見られる中心性をもった形式を踏襲している。実際、初期キリスト教の教会建築の建設などで活躍したビザンチンの技術者たちの手によって建てられたと言われ、ここにも初期イスラム教の、その場所の伝統に則った宗教建築の展開を見ることができる。外壁のタイルは16世紀に貼られたものだが、息継ぎができないほど濃密な青タイルによって、マシュラビーヤと壁面が混ざり合っている様は見事である。

この青タイルやカラフルな石柱から成る外観は、一見石灰岩とは関係ないよう

ビザンチン風の柱、オスマン帝国時代のタイル

に見えるが、実はこれはドームの中にある聖なる岩を覆う建物なのである。異教徒は入れないため写真でしか確認できないが、丘の頂上には異形の石灰岩が地面から盛り上がるようにして祀られていた。つまり、特別な岩を見出したことにこの聖地の起源はあるのである。

このようにエルサレムの聖地は、皆石灰岩によってその根本が形成されている。そこには現在の宗教が誕生する以前の、僕がペトラ遺跡で感じたような、石に対する信仰があったのかもしれない。僕にはこのミルク色の丘そのものが、あたかも3宗教の依って立つ旧約聖書のような存在に思えた。

聖地巡りもお腹いっぱいになってきた頃、ここに住む人たちの生活はどんなものなんだろうと、やはり気になり出した。無名の住居、何度も何度も敷き直した石畳、ピタパンのおつかいを頼まれた少年、驚くほどおいしいオリーブオイルをペットボトルに詰めて売ってくれた商店のおじさん、日本では見慣れない白黒のカラス。聖地の隣で、人々はしっかりとそれぞれの生活を送っている。

旧市街の人々は、聖地と同様、何百年も前からそこにありそうな石の建物に住んでいる。ひとつの信仰ももたない立場からの想像ではあるが、異宗教の人々と隣り合わせに暮らすのは、けっして平穏なものではないはずだ。街中を歩くと、建物の開口部には格子が嵌められ、厳重に防犯対策がされているのがわかる。日

仲睦まじいムスリムのカップル

おつかい少年

本人からするとちょっと異様だが、都市というものは本来このようなものなのかもしれない。ユダヤ地区には石のアーチに合わせてつくられたメノーラー（ユダヤ教のアイコンの燭台）をモチーフにした格子窓も見られた。その格子の隙間を狙う生き物のように、電気やら冷房やらの管が建物の中に入っていくのも見える。ここに生活のある証しだ。

石は堅固であるがゆえに、動かしがたい。住むのは我々と同じ現代人であるから、その生活には不便も多いはずだ。

高いところから見下ろしてみると、石造りの建物の裏手に見える様々な増築部分から、この街の切実な暮らしを覗くことができる。

飛び出したベランダはその一例だ。古い建物には十分に洗濯物を干すスペースもなかったのだろう。聖地の住人だって外で洗濯物を干したり、お茶を飲んだりもしたいはずだ。これらのベランダは、主構造の重さ、窓の少なさから必要とされた明るい半外部空間という意味で、イランの東ギーラーンの住居や、インドの張り出しの家にも通じるものがある。

さらに細かく窓に注目すれば、かつてアーチ型をしていた開口部を埋めてしまって、四角い窓につくり替えているものが多い。既製品の窓の手軽さ、あるいは建具職人の不在が、古い建物の表情を変えさせているのだ。

フラットな屋根の上には、しばしば奇妙なぽっこりとしたふくらみが見られる。

ユダヤのアイコン・メノーラー（燭台）の窓。様々な管が入り込む

これが何なのかついぞわからなかったが、このぽっこりの横にはアンテナや太陽光をつかった給湯タンクなどが雑然と置かれている。歴史的建造物で構成された旧市街にも、現代インフラは容赦なく空間を要求してくるのだ。

　こうして街を歩いてみると、石造りから飛び出た増築部分のなんと多いことだろう。飛び出たスペースが内部化され、ポツポツと小さな窓が設けられているのは、トイレや浴室などの水回りのためと思われる。増築部分の窓には既製品がしっかり嵌め込まれており、1階の開口部に外から付けた窓枠との対比が面白い。歴史的建築の不便さと格闘するエルサレムの生活は、ここに来なければ知ることもない、もうひとつの景色、しかしまぎれもない本当の景色である。

　大きなもの、歴史、聖地、宗教……そういうものは僕を魅了する。でも僕の興味は、やっぱり小さな人間たちの生活に向かっていくのだった。

　ミルク色の聖地は、その「石」という存在の動かしがたさゆえに今まで守られてきた。そしてまたその動かしがたさゆえに、住人たちは色々苦労しているともいえそうだ。

　だが、動かしがたい石造りをどうにかして住み良くする中ではみ出してきたものたちは、宗教を超えたこの土地の人々の生活の姿である。エルサレムで見たこの「人間くささ」に、彼らが何千年もそうしてきたように、今まさに街が生き存《ながら》

トイレが飛び出ていると思われる増築部分

前項：旧市街の建物の裏手には、生活が見える

旧市街の城壁越しに見える、増築して飛び出た住居

えようとする姿を、見たような気がした。

イスラエルを後にして、日本へ帰る飛行機に乗った。乗り継ぎ地のモスクワの空港で嘘みたいに全速力で走らされたりしているうちに、前日までいた別世界はもうどこか遠くに消えていって、あっという間に日本に着いた。

この旅では、あらゆる場所で普通に生きている人たちを見てきた。普通に生きていることは、美しかった。

日本に帰ったら、家族も友人も、同じように、普通に、生きていた。

窓からのぞいたアジア、二度目の旅

2016年に「旅と窓」についてのエッセイを書く機会を窓研究所からいただいて、思いもよらず連載は5年近くも続いた。「窓」というテーマをもってはいるが、その扱う範囲はウインドウとしての窓にとどまらず、出入り口や柱間、穴、くぼみ、中庭など、かなり自由に広い意味で捉えている。何かと何かを隔てる、あるいはつなげるための建築の部分、といった具合の認識である。しかし窓というテーマが接着剤となって初めて、このバラバラな旅の記録はなんとかひとつのかたちをもつことができた。

この本で紹介した建物、街、人々は偶然出会ったものばかりである。文章を書き始めた当初も、それぞれバラバラな場所と窓について書いていくつもりだった。ところが書き続けていくうちに、離れた土地同士にも似通った窓があったり、

カイロの巨大な「浮いた屋根」

トルファンの「浮いた屋根」

様々な建築部位が同じような原理で立ち現れたりしていることに気づいた。

たとえば中国・新疆ウイグル自治区のトルファンの民家は、壁の上部にレンガを積み上げスキマをつくり、そこから庭に屋根が架けられていた。「浮いた屋根」と名付けたこの工夫は、同じく砂漠環境であるイラン・ヤズドのように、地下水路や中庭、貯水槽につながる塔などに設けられた開口部に見られる、建築が地上の厳しさから身を守り「呼吸」するための方法のひとつだったと考えることができる。あるいは、同じくイランのエスファハンで見た、プライバシーへの配慮から生み出されたイスラムの街づくりの習慣からも説明できる。さらにエジプト・カイロに行くと、トルファンで見た住宅の屋根がそのまま都市スケールに拡大され、バザールの屋根になっているものにも出くわした。これらは皆、文章を書いていくことで後から気づいたものである。

またインド・キナウル地方の「張り出しの村」では、石とヒマラヤ杉を交互に積んだ重量感のある壁面に開いた小さな窓と、そこから張り出された木造部分の自由で大きな窓の対比が印象的だった。そのように「暗く暖かい空間」と「明るく開放的な空間」を同時にもつことは、厳しい環境で生きていく上で、どうやらかなり重要な知恵らしい。

同じようにイラン・東ギーラーンの「地面に置かれた家」では、冬場の寒さに

キナウルの「張り出しの村」

ヤズドの「呼吸する穴」

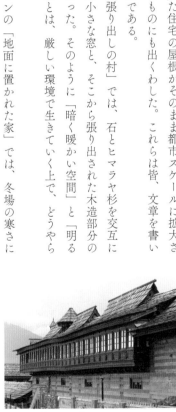

対応するための「窓の少ない室内」と、その周りを囲う「半外部の幅広い空間」がセットでつくられていた。思えば、トルファンの人々が冬はレンガの家に籠り、夏は中庭の大きなベッドで眠るのは、2つの空間が夏と冬のそれぞれで、まったく別の家として独立しているようなものだ。年間の寒暖差が家を分離させたわけだ。

さらに、おそらく近年の衛生観念や治安の変化によって生み出されたものとはいえ、エルサレム旧市街のベランダが付加された古い石造の家も、そういう2つの空間を同時にもつ建築といえる。聖地の都市とインドの田舎で似たような風景が発生しているのは、なんとも興味深い。

「暗く暖かい空間」と「明るく開放的な空間」をもつということ。それは生活に序列をつける作業であり、大事なものを見きわめるということだ。キナウルの「ババ」（もうババになっているだろう）はそれに意識的な人だった。もちろん、日本の伝統建築もかつてはそういう序列をもっていたはずだ。ところが今、多くの家は各部屋が目的、または個人に割り当てられ、均質な窓がなんとなくそれぞれの部屋をぼーっと明るくしている。あるいはそのような家の中で暮らし続けていると、人は生きていく上で一体なにが大事なのか、そういうことがわからなくなってしまうのかもしれない。

一方、窓そのものを見つめる中で、窓が建築から独立して存在していることに

トルファンの夏と冬の家

東ギーラーンの半外部空間

気づかされた例もいくつかあった。イランのマースーレでは、村及び建物の古さゆえに、窓と建築の更新のタイミングが「ずれる」ことで、様々な時間軸をもつ窓が同居し、豊かな風景をつくり上げていた。「村が古い」ことが窓の多様さに表れていたといえよう。

さらにまたある場合には、窓こそが外部文化の流入する特異点になる。東チベットのラルンガル・ゴンパはまさにその現代版である。僧侶たちのセルフビルドの丸太小屋の中に、大量のアルミサッシがギラギラと輝いているのは象徴的な光景だ。そして旅の最初の頃、初めて上がらせてもらった中国・烏鎮の民家では、観光地開発の一方でつくられた小さな新興住宅に、古い木扉が持ち込まれていた。これもマースーレの例と同じく「ずれた」存在であるといえるだろう。建物の構造は変わっても、彼らの窓辺には過去の習慣や空気が残るのである。

離れた場所が関係づけられていくこと。このことに、アジアの旅をもとに、窓についてのエッセイを書き進めてきたことの意義があったように思う。

何千kmも離れたこれらの土地に住む人々は、互いに顔も見たことがないはずである。それでもなお、会ったこともない人たちが別々の場所で似たようなものをつくり上げてしまうのは、特定の気候風土への対応といった理由だけではなく、人間の土地や文化への向き合い方に共通する「くせ」のようなものがあるからな

ラルンガル・ゴンパのアルミサッシ

マースーレの「ずれる窓」

のだと思う。あるひとつの「やり方」はまず隣の人に共有され、気づかぬうちにゆっくりじっくりと他の村へ、国へ、広がっていったはずである。そうやっていろんな人のやり方が、そぎ落とされ、普遍的なものとして残ってゆくのだろう。

窓の「多様さ」を紹介するつもりで書き始めたエッセイだったが、窓からのぞいたアジアは、たしかにひとつではないが、そんなにバラバラでもないのだった。

＊＊＊

この旅から帰って来て、もう6年が経つ。

6年という時間はけっこう長い。その間に僕は、なんの巡り合わせか台湾に移り住み、建築設計の仕事をしている。旅しているときは想像もしていなかったことだ。この旅の途中で立ち寄った台湾に縁があって、今度は建築を見るだけじゃなく、つくる立場になったわけである。建築を「観察すること」と「つくること」は、脳みそのまったく別の部分を使うものであることだと日々感じるけれど、この旅の経験は僕の中の深いところにずっと横たわっている。

連載を続けている間、そしてあらためて書籍としてまとめる間、僕は何度もこの旅について思い出すことになった。こんなに何かを思い出し続けたことは今までなかったと思う。それは、写真を見返しながら、あるいはノートを見返しながら、

烏鎮の木製扉

あらためてもう一度、かつて訪れたこれらの場所を旅しているような感覚だった。文章の中には現地で実際に感じたことが書かれているが、この「二度目の旅」で感じたことも書いてある。思い出し続けることによって、この旅は何倍にも大きく膨れ上がっていった。

3年ほど前から、旅ができなくなった。僕がこれを書いている2022年にあっても、かつてのように自由に、気軽に旅することは難しい。たぶん、以前の世界は返ってこない。この3年間で失われたものは、取り戻せないものも多いだろうから。でも、そんな時代だからこそ、僕は「二度目の旅」ができた。そしてそういう旅は、いつでも、誰にでも開かれているものだと思う。

謝辞

この本は、2017年から2021年にかけて、窓研究所のウェブサイトで連載した文章に加筆・修正を加え、写真を選び直し、新しく一章（カンゼ・タウ編）を書き下ろしたものである。

一冊の本にしてみないかと声をかけて下さった草思社の吉田和弘さん、文章の雰囲気を汲み取って綺麗な一冊に仕上げて下さったデザイナーの上清涼太さん、最初に文章を書く機会を与えて下さった窓研究所のみなさんと大西萌さん、瀬尾憲司さん。その他この本に関わって下さったたくさんの方々、見守ってくれた家族、友人、そしていつでも最初の読者になってくれる妻の奏さんに感謝します。

2022年11月　台湾・宜蘭にて

［連載元紹介］

公益財団法人　窓研究所

https://madoken.jp/

窓研究所は、窓を起点に研究事業・文化事業を展開する公益財団法人。過去10年以上にわたり、窓という研究テーマにおける知見を通じ、従来とは異なる視点から建築を捉えることで、社会において建築が果たす役割を探究している。関連分野における研究調査の実施、助成、出版・展示・講演等による研究成果の公表を事業の柱に、建築のみならず、多分野で活躍する国内外の機関や専門家と連携しながら、複眼的な議論の発展を目指し活動を推進している。

著者

田熊隆樹（たぐま・りゅうき）

1992年東京生まれ。早稲田大学大学院建築学専攻修了。大学院休学中にアジア・中東11カ国の建築・集落・民家を巡って旅する。2017年より台湾・宜蘭《イーラン》のFieldoffice Architectsにて美術館、公園、駐車場、バスターミナルなど大小の公共空間を設計している。ユニオン造形文化財団在外研修生、文化庁新進芸術家海外研修制度研修生。

アジア「窓」紀行 ―上海からエルサレムまで―

2022年12月22日　第1刷発行

著　者　田熊隆樹
装幀者　上清涼太
発行者　藤田　博
発行所　株式会社草思社
〒160-0022　東京都新宿区新宿1-10-1
電話　営業03(4580)7676
　　　編集03(4580)7680
印刷・製本　シナノ印刷株式会社

ISBN 978-4-7942-2612-9　Printed in Japan